食いしん坊のお悩み相談

稲田俊輔

リトルモア

食いしん坊のお悩み相談

目次

（1章）こだわりの食べ方

（2章）心に引っかかっているアレ

（3章） 料理のお悩み

（4章） どうにかしたいこと

（5章） 食いしん坊の嘆き

（6章）食いしん坊に聞きたい！

（1章）こだわりの食べ方

冷たい食べ物

Q.

イナダさん、こんにちは。さっき冷蔵庫で冷たくなったオムライスを食べて、二十七年越しに「私は冷たいオムライスの方が好きなのかもしれない」と思いました。ただしこの場合、ふわとろではなく凛々しい卵のみが対象です。

イナダさんは冷たいオムライスと温かいオムライス、どちらがお好きですか？そもそも温かいことが前提の料理だけど、実は冷たい方が好きだなという料理はありますか？


日本人は世界でも特に「アツアツ」と「冷え冷え」を好むという話を聞いたことがあります。高温多湿で物が腐りやすいから腐敗しにくい温度帯を好む、というのがその解釈でした。

ただし、よくよく考えたらこの説はわりと眉唾《まゆつば》です。ヨーロッパとの比較だけなら確かにそれはそうかもしれませんが、日本と同じかそれ以上に高温多湿な地域はいくらでもありますし、日本だって歴史を遡ると常温の食べ物は今よりもっとふつうだったみたいですし。

それはともかく僕自身は、少なくとも現代日本人の標準よりは、食べ物が熱々であることにこだわらないタイプだという自覚はあります（自分の店ではもちろん、マジョリティ的な価値観に合わせて「なるべくアツアツ」を目指しますが）。

アツアツよりは程よく冷めた方が、味わいそのものの輪郭がくっきりするという面もありますし、アツアツでなければならないというのを前提にしてしまうと、ぬるくなってしまうことを気にせずそれをゆっくり時間をかけて楽しむ、という行為を否定せざるを得なくなってしまうからでしょうか。楽しい楽しいゴハンの時間は、長引かせれば長引かせるほど良いのです。


さてそんな「冷めた食べ物好き」の僕から見ても、相談者さんの「オムライスは冷たい方がおいしい」は、かなり変態度が高いなと思ってしまいました。しかしもしかしたらそれもまた先入観なのかもしれません。そう言えばちょっと前に「たいめいけん」のオムライス弁当を食べたんですが、確かにそれは妙においしかった。その弁当はオムライスの他にエビフライ、グラタン、という普通に考えたらアツアツじゃないとなんともならなそうな布陣だったにもかかわらず全部おいしかったんですね。さすが名店。

本来アツアツが良しとされる食べ物が冷めた時の魅力について語られた中でも、個人的に特に印象的なものが、東海林さだおさんの「冷めた味噌汁」の話です。

深夜の台所で、鍋からおたまですくって直にジルジル飲む味噌汁こそ一番おいしい味噌汁なのではないか、みたいな話です。これはわかる。うなずきすぎてヘッドバンギングになるくらいわかる。全人類におすすめしたい味噌汁の楽しみ方です。

あと僕は、おでんも実は冷め切ったやつをつまみ食いする方がおいしいのではと思ってます。おでんらしさは消失しているけど、煮物としてはそっちの方が上なのではないかと。

というか和食の煮物は基本的にどれも冷たい方がおいしいような気がします。

冷めた方がおいしい食べ物の例を挙げ始めるとキリがないのですが、最後に冷蔵庫で冷やすとぐっとおいしくなる意外な食べ物をひとつご紹介します。それはゴーヤチャンプルー。しっとりと味が馴染んだ豆腐と、冷やすことで清涼感を増すゴーヤの苦味、粘度を増した油脂がその苦味をまろやかに包み込みつつ、全体を優しくまとめる。

最高なのでぜひお試しください。

Q.

じゃがいものベストソリューション

我が家では肉じゃがの評価があまり高くなく、その理由を夫婦で考えたところ、「じゃがいもの味と食感を楽しむのに汁気が邪魔だから」という結論になりました。ルーカレーにじゃがいもを入れなくなったのもきっと近い理由でしょう。ベストソリューションはベーじゃがだったりします。

インド料理でじゃがいもを食べるようになってから好みがくっきりしたのですが、じゃあインド料理の汁気の多いじゃがいも料理はＯＫなのかといえば、長米だと気にならないので、最終的には白米との関係構築の滑らかさの問題なのかなと思ったりしています。

近頃は家庭でのじゃがいも料理は揚げ焼きを使うものに集約されつつあり、いっそフライドポテトを添えるだけでいいんじゃないかという身も蓋もない結論が出つつあるのですが、イナダさんは日本の食卓におけるじゃがいもについて何かご意見や持論などお持ちではないでしょうか。

「お前は俺か」くらいに共感しております。僕も子供の頃からずっと肉じゃがは苦手でした。お家カレーに入ってるじゃがいもも苦手でした。フライドポテトもコロッケもポテサラも大好きだったのに。子供の頃は親の目を盗んで、肉じゃがやカレーのじゃがいもを箸やスプーンで押し潰してペースト状にして食べてました。

ただし、煮たじゃがいもを好きになりたいと思う気持ちもずっとありました。そのきっかけは寅さんの、

「おばちゃんの煮っ転がしは最高だね」

というセリフです。肉じゃがですらない、芋だけの煮っ転がし。しかし後にその芋がじゃがいもではなく里芋であることに気づき、裏切られた思いがしました。

大好きだったミュージシャンのミネカワタカコ氏が雑誌で「得意料理は肉じゃがの肉抜きすなわち『じゃが』」と発言していたのにも憧れました。

僕の中でミネカワ氏の「じゃが」は、綾波レイの「ニンニクラーメンチャーシュー抜き」と並ぶ、サブカル的カッコいい食べ物の頂点に君臨しています。


何の話だ……。

僕がじゃがいもと和解したのは、まさにインド料理においてでした。ストイックなインド菜食料理において、じゃがいもは味を吸収するだけではなく旨味を放出する存在でもあることに気づきました。あれ、実はめっちゃダシが出ます。

そしてそれをきっかけに、この数年で僕は肉じゃがやお家カレーのじゃがいもとも和解するに至ったのです。肉じゃがに関して言えば、相談者さんの言う「汁気が邪魔をしている」という感覚もとてもよくわかるのですが、僕は現時点では、たっぷりのカツオだしに浸った汁だくの肉じゃがが好みです。ぜひ一度お試しください。

現代の日本において、相談者さんやかつての僕のような感覚は、決して少数派ではないような気がしています。煮たじゃがいもは目下、フライドポテトほどの人気は無い。しかし、少数派に与《くみ》することは我々、食を尋常以上に愛する者の使命でもあります。相談者さんもぜひ、肉じゃがとの和解にトライしてください。

すき焼きに生卵

Q.

すき焼きや牛丼に生卵について。特にすき焼きはフォーマットとして生卵を一緒に食べることが確立していますが、すき焼きの味付けを楽しみたいので、生卵をあわせて食べると味がボヤける感じがして、それほど合うとは思えません。個人的にはカレーライスに生卵くらいの、たまにそういう食べ方をしてみるくらいがちょうど良いです。そのあたり、イナダさんのプロフェッショナルなご意見をご教授いただきたく。


その問題については、僕の中では完全に結論が出ています。

それについて説明するために、まずは僕の「すき焼きの流儀」をご紹介します。

肉は「上等なすき焼き用牛肉」と「そこそこのすき焼き用牛肉（切り落としで充分）」を用意します。

すき焼き鍋に牛脂を引いて先ずはネギを焼き、脂に香りを移したら「上等な」方をさっと両面焼きます。

そこに少量の割下をジュッと言わせながら注ぎ、さっと肉に絡めます。食べます。悶絶します。この時点では生卵はまだ封印しています。

その工程を「上等な」方が尽きるまで何度か繰り返します。

なくなったら次は「そこそこ」の方を同じく焼きます。

だいたい火が通ったら端に寄せ、空いたところに野菜や豆腐を並べ、今度は多めの割下を注ぎ込みます。

ときおり「そこそこ」の肉を遠慮がちにつまみながら、野菜に火が通るのを待ちます。

ここで初めて、手元の碗に生卵を割り入れます。

最初は控えめに浸しながら食べます。

だんだん煮詰まってしょっぱくなってくるので、そしたら生卵をたっぷり絡めながら食べます。

残ったそこそこの肉や野菜も随時追加投入していきます。必要なら割下も足します。

味は濃くなったり薄くなったりを繰り返しますので、生卵で調整しつつ進めていきます。

この一連の過程で、徐々に酒から飯へシフトしていきます。

もちろん最初から飯もアリだし、ここまで酒で通すのもアリです。

いずれにせよ、このあたりでほぼ満足します。

しかし最後の儀式が残っています。

鍋には煮詰まった汁と新旧の具が中途半端に混在しています。

ここで卵を何個か溶きほぐして投入、卵とじにします。

もちろんその手前でうどんを投入して汁と脂を吸い尽くさせて締めるパターンも捨てがたいですが、やはり最後はこの卵とじをご飯にのせて締めたい。


結論。

というわけで僕はやっぱりすき焼きには生卵が欲しいです。

ただし、無しから始め、ちょい付けの時代を引っ張り、存分に使うタイミングはなるべく後ろ倒しにして、最後に大暴れ、という一連のプロセスはしっかり守ってナンボ、とも思っています。

納豆を混ぜない

Q.

納豆を散々掻き回すとウマい。が世間の定説ですが、私は混ざっていないゴロッとした部分が残っている方がおいしいと思っているんです。少しでもご理解いただけませんか?

わかります。すごくわかります。混ぜない納豆にはパルミジャーノみたいなジョリッと感もありそこも素敵です。糸や粘りは時として食べるのに邪魔です。それがわかっていたはずなのに、僕自身、「混ぜねばならぬ」の呪縛に囚われていつも必ず混ぜてました。これからは、混ぜない勇気も大事にしていきたいと思います。

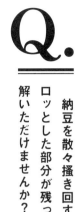

Q. 素材そのまま？

例えば、いちごに砂糖と牛乳をかけようとすると「甘いいちごなんだからそのまま食べないともったいない！」というような意見が出る場面が時々あると思います。

この「素材はそのまま食べないと損」みたいな考え方についてどう思われますか？

ちなみに私はそのままでもかけてもどちらも試したい派ですが、そのままじゃないともったいないと言う気持ちもなんとなくわかるような気がしています。だからこそ、このことについて長年モヤモヤとしたものがあります。（笑）

食材にはなるべく手をかけず、味付けは塩のみで、みたいな価値観はもちろんとてもよく理解できるんですが、個人的には世の中でそれがちょっと幅をきかせ過ぎているのでは、と感じなくもありません。焼肉でも焼き鳥でも、あるいは豆腐なんかでも「塩」

が通っぽい、みたいなあの感覚。

だいたい本当に塩が一番おいしいのであれば、なぜ人間はその歴史の中でひたすら様々な料理や調味料を発明し続けてきたのか、という問いに答えが出せなくなるじゃないですか。

だから、というわけでもないのですが、僕自身は「塩かタレ」みたいな選択肢がある時はだいたい「タレ」を選びます。特に外食では、営々とした人類の営みの果てにその店が到達した、よりおいしくするための「人為的な工夫」を楽しみたいと思うのです。

なんてことを言いながら、自分の中にそういうのと全く相反する部分もあるのも確かです。家で料理するものは徹底的にミニマル指向だったり、マックでハンバーガーを食べる時はソースやケチャップを抜いてもらいがちだったり。なんなんでしょうね、この矛盾。僕はなんとなく「人はひたすらおいしいものを求める一方でおいしすぎないものを求める心もある」という解釈をしています。おいしいものを求める心が料理や調味料の複雑化を推進するけど、おいしすぎないものを求める心が引き算を促す、みたいな相反するベクトルが常に人間に内在しているイメージ。

であれば、日頃おいしいもので満たされてる人ほどおいしすぎないものに対する希求が高まるのも納得ですし、「塩だけで食べる」おいしすぎない味を高く評価することが

「俺は普段からうまいものばっか食べてるからな」というマウンティングにも悪用されているという一部の現象にも説明が付く。

何にせよ、素材を「生かして」シンプルに食べるべきであってごちゃごちゃ手を加えるべきではない、という主張に対しては個人的には違和感を抱いてしまいます。「素材の味がわからなくなる」というのは自らの感度の低さを認めてるようなものです。調味料でも副材料でもスパイスやハーブでも、複雑にそれを加えるほど素材そのものの良さがより引き出されるという実例はどれだけでもあります。というかそっちの方がむしろ料理の本質なので。

苺に牛乳と砂糖、最近ではやる人が少ない気もしますがめちゃくちゃおいしいですよね。苺に練乳もそうですが、文明の極みって感じの味だと思います。むしろ、苺ミルク専用の酸っぱい苺が世に出回って欲しいです。ジャムとかにしてもその方がおいしそうだし。

バーベキューの楽しみ方

Q.

バーベキューが苦手です。【大雑把なバーベキュー】は、味が全て「焼肉のタレ」味となるし、【こだわりのバーベキュー】も、それはそれで、自分のペースとは違うタイミングで「俺の鮭のちゃんちゃん焼」や、「とっておきの焼きりんご」等を褒めながら食べるのに疲れます。バーベキューの楽しみ方を教えてもらえますか？

数年前の夏、ハナマサで買い物してたら、バーベキューの買い出し部隊と思しき大学生くらいの男子三人がいました。カゴの中を覗くと、案の定、その「大雑把なバーベキュー」待ったなしの内容でした。僕は思わず彼らを呼び止め、「ちょっと待て。お前らいったんカゴの中身は全部戻してこい。特にその『タレ漬け牛カルビ』、そいつは地獄への片道切符だ。金が無いのか。だったらむしろ豚メインで行け。浮いた金でちょっといい牛肉を買え。量は少しでいい。それを中盤、炭はいい感じに落ち着き、メンバーの小腹は満ちて、しかしグダグダになり始める前のタイミングを見計らってリリースしろ。その後また豚に戻れ。後半はバラじゃなくて肩ロースだ。衛生管理に自信があれば鶏という手もある。豚や鶏はタレじゃないぞ。クレイジーソルトとマキシマムだ。女子ウケもいいはずだ。並行してキノコも焼け。ズッキーニも評価を高めるぞ。しかしなんだそのナリばかりでかいソーセージは。見かけに踊らされるな。裏を見て『豚肉』の次に『塩』が書いてあるものを選べ。あとこの焼肉のタレ一・八リットルペットってお前ら正気か。飲む気か。焼肉のタレを買うならタレコーナーじゃない。チルドコーナーだ。小さくて割高だが、どうせそうも使わん。このモヤシは焼きそば用か。そこはわかってるじゃないか。しかし量が足らん。この倍、いや三倍だ。その下品な焼きそばソースはオイスターソースに取り替えてこい。金が余りそうならシーフードミックスと小松菜も足せ」

と、話しかけようかと思いましたがやめときました。しかしもしかしたらバーベキューシーズンはハナマサに常時待機して、バーベキューコンシェルジュで稼げないかとふと思いました。

「報酬は、そうだな、買い物総額の一〇パーだ」

世界が求めているものは鍋奉行ならぬバーベキュー奉行なのではないでしょうか。いや、奉行の域を超えたエグゼクティブプロデューサーです。相談者さんはそれになれば良いのです。

大雑把なバーベキューを矯正するだけではありません。こだわりのバーベキューに関しては、役者はある程度揃ってるわけですから、あとはシナリオと演出で、エンタメとしての完成度はどれだけでも高められるはずです。

ちゃんちゃん焼きという主役が企画段階で決まっているなら、それを引き立てつつ補完する肉も多少用意し、焼きリンゴはデザートという役割に固執せず、場がグダグダになる前に焼き上げさせて、あくまで箸休めとしてプレゼンするよう指示し、スパイス各種を握りしめてメラメラと静かに昂《たかぶ》っているカレー男には、

「南インドとかそういうの、いいから。カレー、あくまでカレー。お前ならわかってると思うけどさ」

と、目を見て穏やかに語りかけて悟らせる。そんな敏腕プロデューサーを目指しましょう。

と言いたいところですが、世間はそんなものは求めていません。なぜならバーベキューには、バーベキューに必要以上のおいしさを求めていない人々が集うからです。

バーベキューの楽しみ方、それは、その時だけでいいから、自然を愛し仲間との絆をなによりも大事にするタイプのキャラになりきって、恥ずかしがらずに腹の底からウェーイと叫んでみたりする、そういうことなのではないでしょうか。

食べ方が汚い人

Q.

食べ方が汚い人が気になる性分なのですが、潔癖症とかそういう私自身の問題なんでしょうか？　食事作法というのは、マナーにぎちぎちに縛られるものではなく、食べやすくするためのものと考えています。しかし、いちいち指摘すると口煩《くちうるさ》い小姑みたいになってしまいます（特に彼氏の食べ方が少し雑で気になってしまいます……）。

どういう「汚さ」かにもよりますが、それが本当に「汚い」のか、自分の主観に過ぎないのではないか、というのは一度疑ってみてもいいのかもしれませんね。そして相談者さんは、それに既にお気づきのようにも見えます。

例えば和食で煮物の汁や酢の物の酢を飲み干すのは正しいマナーですが、それに対して「ちょっとぉ、恥ずかしいからやめてよ」なんて言うシーンは実際に目撃したことがあります。

カレーとライスをぐちゃぐちゃに混ぜて食べるのに眉を顰《ひそ》める人も多いですが、日本以外では混ぜるのが当たり前です。

皿のソースをパンで拭うのも茶碗の飯に汁やおかずをぶっかけるのも、正式な場では推奨されませんが、日常においては問題ないとされています。

そういうふうに、ＯＫラインの範囲を広げれば広げるほど、「そうしたくてしている」食べ方のほとんどはＯＫとなりそうな気がするんです。逆にマナーを間違えて解釈してそれに囚われてる方がみっともなかったり。もちろん「理屈の上では正しい」と「自分の感覚だと汚く思える」には常に乖離《かいり》があるでしょうが、その乖離を理性で乗り越えるのが人間だと思います。

とはいえ、「譲れないライン」は出てくるんでしょうね。これからの人生で何度も食事を共にする予定のある相手であれば、優先順位を決めて、

「最低限これだけはやめてほしい」

を伝えるのもぜんぜんアリだと思います。そしてその時は、

「間違った食べ方だからやめるべき」

ではなく、

「おいしそうに食べてていいなとは思うけど、自分はどうしてもそれを直視できない」

みたいなニュアンスで伝える必要があると思うんです。

つまり、食べ方は常に個人の自由である前提だけど、同時に、人には人それぞれ見たくない光景もある。言い換えると、ここにおいて個人と個人の価値観が「対等に」ぶつかっているわけだけど、

「コレとコレに関してだけは自分のエゴの方を優先してもらえないか」

という交渉をスタートさせる、という形です。

「コレが正しいから」

と言われてもカチンとくるだけですが、

「エゴだが認めろ」

なら、わかった協力してやろうじゃないか、という気になるものなんじゃないでしょうか。

パスタの具が余る

Q.

食事を食べ進めるときに、ご飯の場合だと自分なりに完璧な道筋をたどれるのですが、パスタの場合だと（具だくさんだと特に）、うまくいきません。具が余りまくってしまいます。かといって、最初から具を多めに食べていこうと思っても、良いバランスのまま進めません。

麺だけ先に終わっても嫌だし、麺だけ後に残っても嫌だし、一口分の具の量も多すぎない方がいいし……。付け合わせのスープがあればそれでシメてOKかと思いきや、最後になったら冷めてるし……。

何かコツなどありましたら、教えてください。


とても共感します。パスタはワシワシと勢いよく食べたいものですが、そうすればするほど具が余りがちになる。

あるシェフがこんなことを言ってました。

「何も考えずにフォーク一本で一心不乱に食べて、最後皿に何も残らないのがいいパスタだ」と。

つまりソースの濃度や量、具材のカットの仕方や量が大事ってことです。彼がなぜそんなことをわざわざ主張したのか。つゆだく民族である日本のパスタはソースが緩めかつ多めで、また「金の取れる料理」であるから具沢山で豪華に見せる、だからスプーンを併用して食べるのに向いた料理になってしまっている、という嘆きがそこにありました。

なので具が余りそうなパスタに関しては、スプーンを有効活用して常にバランスを考慮しながら食べ進める、というのが現実的な対処法なのかもしれません。

とは言え、そうすると一口の中における麺と具の割合が固定されるという問題も発生します。こうなると、実は「箸で食べる」という一部の店でデフォルトとなってる方法が理にかなっているという可能性も浮上してきます。

たまに見かける「厚切りベーコンのカルボナーラ」なんていうやつ。個人的にはあれが許しがたく、あえて古いネットミームで言うと「小一時間問い詰めたくなる」代物ですが、あれなんてまさしくチャーシュー麺的な発想という気がします。あれこそ実は箸で啜《すす》るにふさわしい食べ物なのではないでしょうか。

実際に箸を使うかどうかは別として、先に具を（ツマミとして）あらかた片付けてしまうというのは僕もよくやります。

高級寄りの店でコースの一品として出てくるパスタには、そもそも具がメインでそれが放出するエキスをソースとして麺に纏《まと》わせる、みたいな発想のものもあって、それはそういう食べ方が前提になっていましょう。そういう店でなくても、例えばボンゴレなんかは、先に貝を全部片付けてから麺に挑みたくなります。

これは個人差もあるでしょうが、しかしやっぱりパスタはパスタそのものを食べたいのです。そして茹でたてからなるべく時間を置かずに食べたいのです。そうなると身も蓋も無いですが、結局自分で作るのが一番ということになってしまいます。実際パスタほど自作にアドバンテージのある料理もそうそうありません。

僕はその「なるべく麺に専念したい」という思いを極端な形で叶えるために、ある時「だけスパ」という概念を発明しました。具は一種類だけ、調味料も最小限で、それをいかにおいしく作るかという縛りプレイ。具がピーマンだけのやつが今のところ最高傑作です。味付けは塩とバターのみです。ぜひお試しください。

汁物と酒

Q.

稲田さんが仰っている汁物をアテにお酒を嗜むというのが、すごく渋くてかっこいいなと憧れております。汁物初心者な僕に何かおすすめはありますでしょうか。

一緒に飲むお酒もご教示いただければ幸いです。

そもそも僕が汁物＋酒に開眼したのは、新卒時、会社の研修（山梨のワイン農園）の時でした。休みの日の早朝、当時勝手にライバルだと思ってた男が、民宿の縁側に腰掛けて一人でインスタントのカップ豚汁と缶ビールをキメてたのです。最高にカッコよくて、コイツには敵わねえ、と思いました。

というわけで「豚汁とビール」からでいかがでしょうか？　間違いなく合います。次のステップが懐石の椀物や蕎麦屋の「台ぬき」と日本酒ですかね。

個人的な最高峰は、奄美鶏飯の「台ぬき」、つまり米無しのスープと具のみです。これはビールでも蒸留酒でも。鍋物のつゆも手軽でいいですね。この楽しみを知った瞬間から、鍋物の主役は具ではなくつゆになります。これはかなりその先の人生が変わるパラダイムシフトです。

ケチャップ嫌い？

Q.

ところでイナダさんって、トマトケチャップがお嫌いなのでしょうか？
マクドナルドのハンバーガーのケチャップを抜く理由が知りたいです。

ケチャップの味そのものは大好きです。たまにぺろっと舐める機会があると、ケチャップというのはなんておいしくてよくできた調味料なのだろうとしみじみ感心します。しかし普段自分はケチャップを避けるかのように生きているのも確かです。なぜそんな矛盾が起こるのか、さんざん考えてみましたがはっきりとした答えが出ませんでした。なのでとりあえず個々の事例でそれを検証してみたいと思います。

・マクドナルド

かつて自分はクォーターパウンダーを最もおいしく食べる方法として「ケチャップ抜き」に至りました。今はクォーターパウンダーが消失してしまったので仕方なくダブチでそれを楽しんでいます。

僕がマックに行く動機は「いかにも牛肉らしいおいしい牛肉料理を食べに行く」というものです。ハンバーガーはサンドイッチの一種ですが、サンドイッチを食べに行くという感覚はありません。パンはあくまで付属物であり手を汚さずに肉を食べるための防護壁です。

ここにおいて、ケチャップの「肉の臭みをマスキングしてさっぱりとさせつつ、そこに別の味を乗せる」という優秀な機能は完全に邪魔になります。肉の肉らしい風味、それはある種のクセや臭みとも言えるのかもしれませんが、そのフレイヴァーまるごと受け入れて楽しむためにはそれが不要ということです。

・ナポリタン
時々無性に食べたいような気持ちになるのは確かです。しかしその気持ちのままで食べ始めると、途中で絶対飽きて後悔するのです。なんでこんなものを食べてるんだろう、もっと他のスパゲッティにするべきだったのでは、みたいな。

なぜそうなるのかと考えると、僕はナポリタンが嫌いなのではなく、それ以外のスパゲッティが好きすぎるからのような気もします。ナポリタンのことを実は好きだけど、スパゲッティ界全体を見渡すとそれは最下位ランク？　テリヤキチキンマヨネーズピザみたいなポジションと言いますか……。

・オムライス

オムライスというかチキンライスに対しては、ナポリタンとは違って、むしろ炒めごはん系の食べ物の中でも最上位ランクと感じています。少なくとも個人の感想としてはチャーハンより好き。

しかし僕が洋食屋でオムライスを選択することはまず滅多にありません。なぜなら僕にとって洋食屋とは基本的に「ご馳走」を食べに行くところだからです。オムライスはおいしいかもしれないけどご馳走とは言い難い。

だからもし自分がオムライスを選択するとしたら、スープ、前菜、メインと流れた最後の「ダメ押し」としての登場機会しか無いでしょう。しかしそれは胃の容量的に厳しいものがあります。そして運良くそこに余裕があったとしても、そこで選ぶのはカレーやハヤシライスや「ライス系謎洋食」など、その店の個性がより強く表れるものになってしまいます。

・天津飯
ケチャップあんの天津飯はオムライス同様好きな食べ物です。少なくとも塩味や醤油味などの酸味のないあんよりはずっと好きです。でもやっぱりそれよりもしっかり酸味の効いた普通の甘酢あんのほうが好ましい。なのでケチャップあんはどうしても出てくると少しがっかりする食べ物になってしまうのです。

・スクランブルエッグ
ホテルの朝食なんかで出てくるスクランブルエッグやプレーンオムレツは、ほとんど味がついていないこともあります。あれはケチャップをかける前提で調整されていると思われます。

しかし僕は、バターも塩気もしっかり効いた、ケチャップなどお呼びでないタイプのそれが好きなのです。なのでそういうケチャップありきなスクランブルエッグはその時点でがっかり案件。だからそういう時はむしろベーコンやソーセージの塩気を頼りにそれを食べ進めるルートを選択してしまいます。

・フライドポテト

スクランブルエッグ同様、塩気が足りないもしくはイモ自体があまりおいしくない時に仕方なく使うポジションです。

しかし先日、珍しい体験をしました。あるお店でポテトに自家製のケチャップが添えられていました。香辛料がなんだかこなれていないバランスで使いすぎぐらいに使われ、塩味や酸味は控えすぎぐらい控えめな、とにかく変な味でした。少なくとも決しておいしいとは言えない、一般的なケチャップのサイテキカイっぷりとは真逆の謎味でした。

しかし僕はそれを余すことなくポテトになすりつけて食べたのです。

僕は普段から、食べる時も作る時もいかにしてサイテキカイから距離を置こうかと虎視眈々です。それがある種の中二病的な何かであるという自覚もあります。もしかしたら普段ケチャップを避けがちなのは単にこの作用の表れなのではないかという説が浮上した体験でした。

・サモサ

サモサなどのインド系スナックにミントチャトニーが付いてくるかケチャップが付いてくるかはある種の賭けです。まあ「いい店（←自分にとって）」ほどミントチャトニーであることが多いので大体の予測は付きますが、逆に「ここは絶対ケチャップだろうな」と予想していた期待値の低い店なんかで、例えばケチャップではなくゴルベラコアチャールが付いてくると、感極まってお店の人を抱きしめたくなる衝動に駆られます。

しかし、あくまで客観的に判断すると、この種のインドスナックにケチャップはめちゃくちゃ合うわけです。だからこそインド人さんたちは、あれだけ豊かなチャトニー文化の伝統を持っているのに何にでもやたらとケチャップをつけまくる。

だからもし僕も、普段から毎日のようにミントチャトニーやゴルベラコアチャールにまみれた世界線に生きていたら、むしろケチャップが出てきた時にお店の人を抱きしめたくなる可能性が充分すぎるほどあると思っています。

といったような諸々のことを、質問をいただいて以来ここしばらく、寝る前とかにずっとグルグルと考えていました。ケチャップを通して自分とじっくり向き合える、貴重な体験となりました。相談者さんありがとうございます。ケチャップおいしいですよね。

Q. マヨネーズの味

マヨネーズを使うとマヨネーズの味しかしないように思います。サラダがドレッシング味になることと似たような印象です。イナダさんにとってマヨネーズとはどういう調味料でしょうか。

前項でケチャップに関して書きました。

「なぜ自分がケチャップそのものの味は大好きなのにケチャップ料理を避けがちなのか」という深遠な謎に取り組みましたが、結論らしい結論は出ませんでした。

でも実は、最初はとても単純な結論を出しそうになってもいたのです。それは「ケチャップはおいしいけどなんでもケチャップ味に染められてしまうから、ついついそれを避けがちなのだ」という解釈です。普通に考えたらこの話はそれで終わりです。

しかし僕はその仮説に自分で納得できませんでした。なぜならば少なくとも僕にとっては、世の中には「その味に染まってしまうにもかかわらずあまり躊躇《ためら》いなく受け入れている」、そういう調味料や食材もまた少なくないからです。そう、僕にとってはその代表的なものがマヨネーズなのです。

もちろん「そこにマヨネーズを使うのはやめてくれ」と思うものもそれなりにあります。例えばサンドイッチにはなるべくマヨネーズを使わないで欲しい。ポテトサラダもどちらかというとマヨネーズ無しの方が好き（マヨネーズ有りも充分好きですが）。しかしそういう例はケチャップと比べると圧倒的に少ないのです。

寿司や刺身にマヨネーズ、ウェルカムです。ご飯にマヨネーズ、最高です。から揚げにマヨネーズ、冷やし中華にマヨネーズ、フライドポテトにマヨネーズ、全て大歓迎です。

マヨネーズからの展開として最高のもののひとつであるタルタルソースに至っては、ややもすると理性を失うレベルで愛しています。海老フライやチキンカツはもちろん、僕は内心、トンカツもタルタルソースで食べたいと思ってます（これはここだけの話にしておいてください）。

ただしこの点においてひとつ、とても重要な話があります。全てをマヨネーズ味に染めてしまうマヨネーズとは、実は国産の市販マヨネーズにほぼ限られている、という事実がそれです。

普段マヨネーズを手作りしている方はよくご存じだと思いますが、ベーシックな手作りマヨネーズには、全ての料理をマヨネーズ味に染めてしまうようなパワーは実はありません。外国産のマヨネーズでおそらく最も入手しやすいのがアメリカ産のベストフーズのリアルマヨネーズという商品ですが、こちらもまた少なくとも国産品ほどの染め上げパワーはありません。

僕自身は、国産メーカーのマヨネーズももちろん好きですが、こういった手作りマヨネーズやアメリカ産マヨネーズの方がもっと好きです。

今回も結論らしい結論は出せませんでした。

マヨネーズっておいしいですよね。

半熟卵問題

Q.

料理をその味で染めてしまうものといえば、温泉卵・半熟卵トッピングというものもあるかと思います。イナダさん的に温泉卵・半熟卵はどういう位置づけにしていますか？

半熟卵も温泉卵も大好きなんですよ。

一度、卵を一パック一〇個全部温泉卵にして一度に食べてみたいとすら思ってます。四個はやったことがあります。最後まで全く飽きることもなく、それは至福の連続でした。だから一〇個も余裕だと思います。ただ本当にそれを実行するには、理性をかなぐり捨てて、途方もない罪悪感に打ち克つ必要がありそうです。

しかし「半熟卵がのった料理」は話が別です。あえて乱暴に言ってしまうと、

「半熟卵には何の恨みもないが、何にでもそれをのせるお前のその態度が気に食わない」

という感じです。

あとついでに言うと「温玉のせ」と書いてあるのにそれは温泉卵ではなく半熟卵であるケースも異常に多い。これは更に悲しみが強い。もちろん半熟卵がのる必然性のあるおいしい料理は世に存在するのも確かですが、それはいったん置いときます。

僕がそれを嫌なのは、相談者さんの言う「味を染める」という要素よりむしろ「味を薄める」という理由であることが多いです。典型的なのがシーザーサラダやカルボナーラ。どちらもチーズの濃厚な味わいを楽しむための料理でしょうに。卵がそれを全力で薄めにかかるのは悲しいです。

そして同時に、そうやって出てくるタイプのシーザーサラダやカルボナーラは、卵を取り除いてもやっぱりチーズの味わいが薄いことがほとんどです。つまりこれは、作り手がその手の料理に込めるコンセプトや狙う着地点そのものが、そもそも僕の好みから大きく乖離しているということでもあります。

これはおそらく僕が「サイテキカイ問題」と呼んでいる現象の一端です。

料理を、その場に居合わせる最大多数の人々から嫌われないように調整する、という最適化の営み、その功罪については語り始めるとキリがないのでやめておきます。しかし少なくとも温泉卵や半熟卵は、その料理をサイテキカイに至らしめる目的で、少々安易に使われすぎなのではないかと思っています。

今これを書いているのは早朝です。夜も白み始め、朝ご飯にエッグベネディクトが食べたくなってきました。エッグベネディクトは、半熟卵（正確にはポーチドエッグですが）を最もおいしく食べる料理のひとつだと思います。

エッグベネディクトを超える自信のある者だけが料理に半熟卵をのせよ。

（2章）

心に引っかかっているアレ

ラーメンにナルトは要るのか？

Q.

ラーメンにナルトって要る？

僕は「醤油ラーメン」が存在しない地方で生まれ育ったこともあり、人生の中で数回しか「ナルトののったラーメン」を食べたことがありません。そのごく狭い見識の中であえて言うと、「ラーメンにナルトは別に要らない」という感覚を持っているのは確かです。

しかしそんな僕でも、ナルトに深く感銘を受けた体験がありました。

かつて生まれて初めて「つけ麺」というものを食べた時、そのつけ汁には五円玉くらいの小さなナルトがのっていました。もちろんそれそのものは嬉しいわけでもなく、むしろ邪魔だったわけですが、それにもかかわらず感銘を受けたのです。

それはなぜか。

その「つけ麺」という存在は、それまで知っているラーメンジャンルの概念をひっくり返す革命だ、という印象を受けました。しかしその味わいや佇まいには、単なる「奇を衒《てら》った」だけではない、それまでのラーメン文化との連続性も確かに感じたのです。その象徴が、そこにあしらわれていた小さなナルトでした。世に革新をもたらしつつも先行する伝統文化へのリスペクトはしっかりと大事にするのだ、そういう強い意志が伝わってきました。

僕は常日頃、「言葉」「文章」によって食べ物に関する物語を紡いでいるわけですが、このナルトはそんなまだるっこしいことは抜きに、そのつけ麺が持つ物語を雄弁に語っていました。正直「負けた」と思いました。世の中にはこういう、頭でこねくり回すだけでは到底敵わない天才がいます。

しかしある時、レビューサイトのそのつけ麺屋さんのページに、こんな口さがないレビューが挙がっていました。

「いわゆる『またおま系』で、何の目新しさもない。つけ汁にナルトが載っているに至っては、既に廃れた昭和の慣習を何の疑いもなく繰り返す工夫のなさに呆れた」

前半の「またおま系」云々についてはまだしも、あの尊い一片のナルトからそのようなメッセージしか読み取れないあなたにラーメンを、いや食べ物を語る資格などない！と、怒りに震えました。

結論。ナルト自体は個人的に好きではありません。しかしナルトが必要かどうかは、味や好き嫌いだけではなく、それが纏うコンテクストにより決定する、というのが僕の考えです。

それはそうと、僕はむしろラーメンにはチャーシューは必須ではないのでは、と常々思ってるんですが、どう思います？

Q. ファミチキはなぜおかずにならないのか？

ケンタッキーやファミチキなどは、おかずとしてご飯と一緒に食べないという人が多いと思いますが、それ単体としては十分味が濃いはずなのでなぜご飯に合わないのか不思議に思います。味の濃い薄いとはまったく別にご飯との相性があると思うのですが、どこに線引きがあるのでしょうか？

また、イナダさんは「○○でご飯は食わない」といったものはありますか？

（例：シチュー、おでんなど）

あたかもスター・ウォーズにおける「ジェダイ」と「シス」のように、食べ物にも「光の食べ物」と「闇の食べ物」があるのではないかと思っています。先に念を押しておきますが、それは決して光が正義で闇が悪という単純な話ではありません。両者は互いに相容れないものでありつつ、その両方が存在することで、世界にはバランスがもたらされます。まさにジェダイとシスです。

僕が考える光の食べ物の代表が米、なかんずく白ごはんです。そしてその白ごはんを取り巻く、おかず類や汁も当然「光」です。和食における「一汁三菜」は、さしずめ代表者たちが集まったジェダイ評議会ですね。家族で囲む家庭での食事は、基本的に光の世界です。

では、闇の食べ物にはどういうものがあるでしょうか。その代表が、縁日に並ぶ屋台の食べ物だと思います。フランクフルト、イカ焼き、ソース焼きそば、などなど。それらはおしなべてどれも味が濃く、白ごはんのおかずにも良さそうです。しかしだからと言って、それらを家に買って帰って家族の晩ご飯のおかずにしたいと思いますか？　なぜかそれは気が進みませんよね。ある種の禁忌であり「やってはいけないこと」のような気がしてしまいます。あれはお祭りの日の夜道で立ったまま食べるもの。家族の食卓という光の世界には馴染まないのです。

コンビニという場もまた、それと少し似たところがあります。特にレジ横のホットコーナーで売られているものは、限りなく縁日の屋台に近いものがある。あれは学校帰りに買い食いするものであり、家族の食卓に並べるものではありません。ファミチキも当然そんな闇の食べ物の典型的なひとつです。

面白いことに、それがスーパーの惣菜コーナーになると、そこは突然光の世界に通じています。もしそこでファミチキと同じものが売られていたら、買って帰って晩ご飯のおかずにすることも充分考えられる。濃いめの味が鶏肉の中までしっかり染みて、香ばしいコロモに包まれたそれは、さぞかしご飯が進むことでしょう。

かように、食べ物における光と闇の区別には、どこか曖昧なところもあります。そしてその区別には個人差もある。ファミチキを買って帰って普通に晩ご飯のおかずにしている家庭だって、きっと中にはあるでしょう。

その個人差という意味で言うと、僕は「ラーメンライス」が無理です。なぜかと考えた時に、やっぱり僕はラーメンという食べ物を闇の世界の食べ物と強く認識しているのだと思いました。あの極端とも言える非日常な味と、カンスイのどこか猥雑な匂い。それが白ごはんという光の聖域に侵入してくることが、どうしても許容できないようです。

Q. から揚げはご飯に合うのか？

以前「から揚げ弁当」を大当たりさせたことのあるイナダさんに、これを訊くのは無理筋かなと重々承知の上で質問なのですが、から揚げってぶっちゃけ白米に合うと思いますか？

私は胡麻ドレッシング味のミニサラダでも、酢豚のパイナップルでも、何なら甘い煮豆でさえもそれをアテに白米を食べられる類いの人間なのですが、から揚げで白米を食べようとは、なぜか全く思いません。（※食べられないとは言ってない）

から揚げ弁当が爆売れしている昨今、一般的には白米と合うという認識が圧倒的なんでしょうが……合いますかね？

から揚げにマヨネーズをつける習慣がないからご飯を食べられないのか？　チキン南蛮まで行くと、逆にご飯もすすむ方向にシフトするのですが。

ちなみにから揚げ自体は大好きです。お供は常にビールで、から揚げにかかるものと言えばレモン果汁一択だと思っています。

僕自身は「から揚げでご飯」に全く抵抗ありません。しかし、合わないと思ってる人の気持ちもそれなりに理解しているつもりです。

なのでかつてお店で「から揚げ弁当」を企画した時も、米の上には高菜漬けをちらし、希望される方には無料でマヨネーズもしくはピリ辛マヨネーズを付けることにしました。「ご飯にマヨネーズ」に抵抗がある人を除けば、マヨネーズは「から揚げがご飯に合わない問題」を一瞬で解決するアイテムだと思っています。

現在のから揚げブームにおける立役者のひとつである「からやま」で、卓上にマヨネーズのチューブとイカの塩辛が置かれているのは、まさにそれと同じことだと思います。

味噌汁すら対ご飯戦闘力高め。

マヨネーズはともかく塩辛は、食材費の面でも衛生管理の面でもコストを爆上げしてしまいます。とろろ昆布なんていう高級食材が入っている味噌汁も、あの価格帯にしてはコストかけすぎです。それでもそれを敢行する姿勢に、から揚げでご飯は食べられないと思っている人にすら、から揚げ定食を楽しんでもらおうという、凄まじいばかりの「から揚げ愛」を感じます。

ただし実際、世の中はたぶん、そこまでせずともから揚げは単体でご飯に合う、という（つまり僕と同じ）感覚が現在主流なんだろうなと思います。

昔コンビニ弁当で、いろいろ並んだお弁当の中のから揚げ弁当のご飯だけが「わかめご飯」になってるのを見かけて「から揚げがご飯に合わないと思っている人にも配慮したのか！」と感動したことがありますが、最近見かけない気もします。大多数の人にとってそんな配慮はもう不要になった、ということなのでしょう。

とは言え、から揚げにレモンを搾っただけのものは、僕でも厳しいかもしれません。から揚げに限らず揚げ物にレモンは、ビールにはいいけど、ご飯の進みは著しく低下する気がします。

から揚げを蕎麦つゆに浸して大根おろしをたっぷりのせる、いわば揚げ出し豆腐のから揚げ版は、抜群にご飯に合います。おろしポン酢がそれに準じますかね。ただしこれらはクリスピーさが失われるのが少々残念ですが。

個人的には、ご飯で食べるから揚げのベストパートナーはタルタルソースです。チキン南蛮はもちろん最高ですが、単にから揚げにタルタルソースが付くだけでも百人力です。

……まあ実は僕、タルタルソースだけでも余裕でご飯食べられるんですけどね。

Q.

カツレツはご飯に合うのか？

カツレツがとんかつに淘汰されてしまった理由はおかず力の差なのでしょうか？

私はポークカツレツもビーフカツレツも塩を少々振ればとんかつなんか比較にならないほどにご飯がいくらあっても足りないよと思うくらいご飯に合う食べ物だと思っているのですが、こういう人間はマイノリティなのでしょうか？


結論から言うと、身も蓋もないですが、相談者さんはマイノリティだと思います。

洋食というのは基本的に衰退ジャンルですが、その中で、ご飯によく合うオカズ力の高い料理が中心に生き残り、そうでないものが表舞台から消えていったということも確かだと思います。それは、かつては「レストラン」だったけど今や「定食屋」となってしまった、洋食屋という業態においては仕方のないことです。

いかにもレストランらしいメニューであるフリカッセやコキールは、はっきりと衰退しました。同じベシャメル系であるクリームコロッケは、まだ多少ご飯に合わなくもないので、この系統としては珍しくメジャーシーンで生き残っています。

ポークピカタやポークチャップはそれなりにご飯にも合いそうですが、このカテゴリーは、ポークジンジャー、ポークソテー、トンテキなど圧倒的なオカズ力を持つ強豪揃いなので、極めて厳しい状況です。チャプスイもポトフも、少なくとも洋食店からは当たり前のように消えました。ロールキャベツも微妙な位置です。仔牛の料理はあんなにおいしいのに、原価が高い上にオカズ力が最低レベルなので、ほぼ絶滅です。


ではカツレツはどうでしょう。その話の前に「カツレツとは何か」をはっきりさせねばならないのかもしれません。そこには実は明確な定義が無いのですが、ここではバターなどで両面を揚げ焼きするのがカツレツで、たっぷりの油で天ぷらのようにカラッと揚げるのがとんかつ、ということで話を進めていきます。カツレツは切らずに出てきて、そこにはデミグラスなどのソースがかかっており、ナイフとフォークで食べます。とんかつは最初から切られて出てきて、卓上のトンカツソースなどをかけて、箸で食べます。

僕も相談者さんと同じくカツレツが好きです。ただし、相談者さんのようにそれがご飯に合うとは思っていません。僕は洋食屋さんでメインディッシュにライスを付けることはあまり無いのです。そしてライスを付けたい人、つまり世の中のほとんどの人にとっては、カツレツよりとんかつの方が嬉しいのではないかとも思っています。実際洋食屋さんでも、メニュー上はカツレツと書かれていても実際出てくるのは単に薄めのとんかつ、ということが結構ありますが、そういう店のそれはまだまだ現役感バリバリという印象です。

とんかつ屋さんでは、僕ももちろんとんかつ定食を食べます。僕のとんかつ定食の食べ方は少し特殊で、とんかつの半分以上は塩と辛子のみで食べます。その間はご飯には手をつけません。そして最後の二切れ——ロースカツで言えば右端にあたる脂身たっぷりの部分には、ソースも辛子もどっぷり付けて、ご飯と一緒に猛然と掻き込みます。

このクライマックスの高揚感は圧倒的です。普段ならば、バターがふわりと香って、上品なソースが全体にかかっている、そんなカツレツを心から愛している僕であっても、この「ソースまみれのとんかつとライス」の有無を言わせないパワーと実力は、ちょっと悔しいけど認めざるを得ません。

Q. 弁当の下の白いスパゲティ

弁当の下に敷いてある白いスパゲティ、あれはなんの為に存在しているのでしょうか？

あんまり味がしないし、大抵メインの下にあるから最後の方に仕方なく食べる感じになってしまうので、私にとってはあのスパゲティはテンションが下がる存在です。いっそ付けないでくれた方がいいとさえ思うのですが、何故か大抵の庶民的な弁当にはあのスパゲティが入っている気がします。

イナダさんはあの白いスパゲティに対してどのような印象をお持ちですか？そして私達はあの白いスパゲティとどうやって向き合うべきなのでしょうか??


あれはおかずを固定する目的があると聞いたことがあります。あれが無いとちょっとした振動でおかずが端に寄ってしまいみっともなくなるそうで。コンビニのから揚げ弁当はいつの間にか副菜らしい副菜がほぼ無くなって「から揚げと飯」のミニマル構成に傾いていますが、それでも白いスパゲティだけは残っているのがなんだかシュールにも見えます。

しかし、ほとんど味付けのされていない麺はそれはそれで良いものだと僕は思っています。しみじみとそれを食べるひと時もいいですし、メイン料理の油脂やソースがそこはかとなく移ったあの感じもまた悪くない。

弁当とは少し意味合いが異なりますが、僕が好きなある洋食屋さんの付け合わせが白いスパゲティです。茹でおきの麺をラードで炒め、ごくほんのりの塩コショウで仕上げます。これがいつもしみじみおいしいのですが、ある時その店のコックさんも「コレ、アブラで炒めてるだけなのに何でこんなにおいしいんだろうね」と言ってました。プロの作り手もこの「ほとんど味のしないスパゲティ」の価値に十分自覚的だったということです。

話が少し飛びますが、僕は蕎麦はもちろん、つけ麺も少なくとも前半三分の二は麺をつけ汁に半分くらいしか浸さずに食べます。最初から全部どっぷり浸してる人を見ると、「もったいない……それは最終段階までとっておけばいいのに……」

と思ってしまいます。完全に余計なお世話ですね。

何が言いたいかというと、味のあまりしない麺には、味のあまりしない麺だからこその喜びがあるということです。

洋食屋の白スパゲティや蕎麦屋やつけ麺屋の麺に比べれば、弁当の白スパは確かにその系譜の最底辺に位置するかもしれませんが、それでも何らかの（滑り止め機能以外の）価値はあるはずです。相談者さんもぜひこれを楽しむモードに自分を切り替えてみてください。

塩コショウ

Q.

「塩コショウで味をととのえる」とよく聞きますが、なぜコショウなんでしょうか？

これ！　僕も前々から気になってたことです。なぜ「塩コショウ」なのか。なぜ「塩クローブ」や「塩カルダモン」じゃないのか。もしかしたら「塩ナツメグ」だった世界線もあるかもしれない。

確かに、コショウが一番何にでも合うような感覚はあります。しかしその感覚は、単に生まれた時から「塩コショウ文化」で育ってきたが故の刷り込みでしかないような気もしているんです。だってインドでは殊更コショウだけが特別扱いされてるわけではないですもんね。どちらかと言うと「その他大勢」のひとりに過ぎません。

ただコショウが持つ重要な特性として「辛味」があります。五味の内のひとつでも持ってるスパイスはコショウと、あとはチリくらいです。そうやって考えると、確かに

「塩コショウ」と並んで「塩チリ」の文化圏も結構広い気がします。

インドも強いて言えばそれかもしれません。東南アジア、アフリカ、南米もそうかな。ヨーロッパがチリじゃなくてコショウを選択したのは、体質的にチリでは辛すぎたとか、肉との相性が最優先されたとか、あとは経済的に豊かだったからという理由もあるのでしょうか。チリの方が遥かに簡単に栽培できて低コストですから、そっちが選択されてもおかしくなかった。そこでコショウだったのは「たまたま」だったのではないかとも思います。

だから、「塩クローブ」の世界線はあり得なかったかもしれないけど、ヨーロッパが「塩チリ」文化圏になった世界線はあり得たかもしれません。もしそうだったら欧米の料理や日本の洋食がどのようなものになっていたか。想像するとめちゃくちゃ楽しいですね。

でもやっぱり僕は、あえて比較するならば「塩コショウ」の方が好きですね。南インド料理に惹かれたのも、インドの他の地域に比べてコショウの重要度が高いからってのはある気がしています。

最近の料理界では、闇雲にコショウを使うことが疑問視される流れもあるようです。

本当に必要な場面でのみ使うべき、みたいな。リクツの上ではそれは圧倒的に正しい考え方だとは思うんですが、個人的にはやっぱりコショウの魅力には抗えないですね。和食以外ではやっぱり何にでも闇雲に使ってしまいます。

カレーの定義

Q.

カレーとはなんなんでしょうか？
肉をスパイスで炒めたものは肉のスパイス炒めですよね？
つい最近ランプライスを食べて、訳がわからなくなりました。単品自体は、肉や野菜のスパイス炒めなのですが、渾然一体で食べるとそれはカレーでした。カレーとはなんなのでしょうか？　なにかイナダさんの中でカレーの定義はありますか？

「カレーとは、唐辛子を含む二種類以上の香辛料を使用する加熱調理が施された副食物の内で、おおよそ等量の米飯と共に喫食した際にそれぞれを単独で食べた場合よりもおいしくなる料理の総称である」

これが今のところ、僕が辿り着いたカレーの定義です。

ちなみにこの定義を提示すると、必ずと言っていいくらい「米だけではなくナンやチャパティもあるのでは?」という疑問が呈されます。しかしそこはもう少しよく考えていただきたい。それは「必要条件」と「十分条件」を混同しています。この定義からあえてナンやチャパティなどのパン類を外したのには、明確な理由があります。ここでパン類まで含めてしまうと、スパイス入りのジャムやチョコレートスプレッドまでもがカレーの定義を満たしてしまうことになってしまう。逆にパン類と一緒に食べておいしいカレーは、米と食べてもおいしい。なのでここではこれが必要十分条件なのです。

この定義は一見シンプルですが、このように徹底的に例外を排除しつつ慎重に組み立てられたものです。なので正直、完璧さには自信があります。かつて僕はブログで、この定義に至るまでの思考の過程を全て文章にしたことがあります。それは一万字にも及ぶものでした。ご興味がありましたら探して読んでみてください。ただしそれは、どう考えても人生の時間の無駄遣い以外の何ものでもないので、あえておすすめはしません。

というわけで、この定義に即して言えば「肉をスパイスで炒めたもの」は、そのスパイスの内容によっては充分カレーと言えますし、ランプライスはほぼカレーのみで構成されていると言えます。世界はカレーで溢れているのです。

絶対に怒られる蕎麦

Q.

自由なレシピが多いうどんに比べ、蕎麦はなぜ許されづらいのでしょう。私は、少ないお湯で安い乾麺を茹で、洗わずそこに麺つゆ少しと濃口醤油を入れ、白ネギとうどん屋の天かすをどさっと入れた、絶対に怒られる蕎麦が好きで、疲れた日に食べます。生姜は気分の時にちょこっと。ぬるく伸びて天かすがふやけるのもまた。

「絶対に怒られる蕎麦」というキラーワードに笑いました。確かに絶対に怒られるうどんやラーメンは存在しなさそうですね。

相談者さんも既に気づいているような気もしますが、「蕎麦はその繊細な香りが大事だから」みたいなことは、自由な蕎麦が生まれにくい理由にはなってないと思います。定番である鴨南蛮だって天もりだって結構香りだいなしです。ましてカレー南蛮に至っては何をか言わんや。

これはもう、「蕎麦とは様式美を大事にする文化だから」としか言いようがない気がします。その様式美が完全に成熟する前に運良くドロップされたのが、鴨南蛮やカレー南蛮なのかもしれません。

蕎麦の様式美は何かと揶揄の対象にもなります。「汁に全部つけてはいけない」「ワサビを汁にといてはいけない」「葱は合間につまめ」などといったウンチクに対しては、うるせえ蕎麦くらい好きに食わせろ、とも思ってしまいます。しかし、あえてその通りに食べてみると、確かにおいしいんですよ。少なくとも僕はそう思いますし、そのことに気づいてからはいつもそうしています。

マナーというものは、単なる行儀だけの話ではなく、「その食べ物を最もおいしく食べるために過去の人々が積み上げてきた集合知」だと思っています。一見馬鹿馬鹿しい蕎麦のオキテも、まさにこれなのではないでしょうか。

蕎麦の世界はそういったオキテも含めて様式美に満ちています。なぜうどんと違ってそんな文化が成立したかまで考察するのは難しそうですが、まあ、そこはいろいろな偶然や時の運でそうなったのでしょう。ただ少なくとも、そういう様式美が無ければ、蕎麦の世界も時代や嗜好の変化に合わせてどんどんサイテキカがなされて、ラーメンのように変容し続けたのではないかと思います。そういうサイテキカから慎重に距離を置いて、頑ななまでに昔ながらを守っているのが蕎麦の世界。

しかしそんな中にあっても、「絶対に怒られる蕎麦」は現代でも時には登場し、稀に定番化しています。「すだち蕎麦」や「牛肉ラー油つけ蕎麦」などがそうでしょうか。特にすだち蕎麦は個人的に「よくぞ発明してくれた」と、考案者に足を向けて寝られません。そういうものが厳選されて登場するのは健全だと思います。逆に、「そんなものにウチの敷居はまたがせん」と考える老舗の蕎麦屋の存在もまた尊い。

ところで相談者さんと同じく、乾麺の蕎麦は僕も好きです。手打ちとはやっぱり違いますが、どっちもうまいもんはうまい。先日、乾麺で作るイナダ式納豆蕎麦を発明しました。大根おろしを汁ごと、納豆、葱、卵に醤油を垂らしてグルグルかき混ぜただけのやつで蕎麦をズビズバ食べるやつ。あまりにおいしく、今後も作り続けること確定です。

薬味と具材の境目

Q.

薬味と具材の違いってなんでしょうか？

友人が「複数の食材が口の中で混ざる」ということが嫌いなのですが、薬味を添えるのは好きだと言います（ex. 唐揚げに大根おろし、ラーメンに葱）。具材とも薬味とも見做される食材もあると思うのですが、その違いをイナダさんはどうお考えでしょうか。ぜひ教えていただきたいです。

【おいしさ＝純粋美味＋マズ味】

という公式を以前から提唱しています。ここでの純粋美味とは誰もがおいしいと感じる要素のことを指します。糖分の甘みとか、ダシなどのうま味とか、油脂のコクとか、あるいはそういう味覚の要素だけではなく、柔らかさやなめらかさなどのテクスチャーの要素も含みます。マズ味は言うなればそれ以外。酸味や苦味やエグ味、独特の香りや食感など、それ単体では決して好ましくない要素です。

純粋美味は確かに文字通りおいしいけど、食べ物のおいしさは、それだけで成り立つわけではない。「おいしさ」というものは、この純粋美味とマズ味のバランスで成り立っているのです。

あらゆる食べ物は、何も手を加えない食材の時点で、何らかの純粋美味とマズ味を併せ持っています。それで言うと「薬味」とは、その中でも比較的「マズ味」の比率が高い食材と言えます。ちなみにスパイスは更に比率が高く、「高濃度なマズ味の塊」とも言えるでしょう。

料理とは複数の食材を組み合わせつつ、様々な手法で純粋美味の絶対値を高めたり、マズ味を別のマズ味に置き換えたりして、人の力、文明の力で「おいしさ」という名のバランスを整える営みであると考えています。

そのご友人の価値観をこれに即して翻訳すると、

「複数の純粋美味が重なり合うことは好まないが、適切なマズ味が加わることはその限りではない」

ということになり、（一般的な価値観とは少し異なるとはいえ）これ自体は全く矛盾なく成立していると思います。

そして、食材そのものが持つ純粋美味とマズ味の比率という観点で、薬味と野菜の中間的な食材って確かにありますね。クレソンとかセルバチコとか、あるいは大根おろしやネギも意外とボーダーだと思います。逆にそのご友人がどのあたりに線を引いているのか、うかがってみたいものです。

スープカレーの仲間は？

Q.

先日スープカレーを作りました。スープは市販の素、チキンは塩してグリル、野菜は蒸して素揚げ、最後に一皿に盛り合わせます。おいしくできたのでいいのですが、こんなに各々バラバラに調理して最後にガッチャンコする料理ってなかなかないなと思いました。

スープカレーの仲間、ご存じですか？


「スープカレーとは椀盛《わんもり》の一種である」というのが自論です。

椀盛ってておわかりですか？　これはいわば懐石のメイン料理で、別々に調理したいろんな具を取り合わせ、そこに調味したダシをたっぷり張る料理。一見「具沢山の汁物」ですが、豚汁のようにエイヤで全てを一緒に煮るものとは根本的に別の、贅沢な料理です。よく似たものに会席料理の「椀物」もあります。こちらはもう少しコンパクトでシンプルです。

椀盛には必ず明確な主役が入ります。真丈《しんじょう》とか焼いた魚とか、夏場なら牡丹鱧《ぼたんはも》とかですね。そこに別で炊いた野菜や、湯葉や生麩、などが添えられます。

チキンが主役になって、各種野菜が添えられ、そこにスープをたっぷり張ったメインディッシュ、というスープカレーの構造は、完全にこれと同じです。

現代の日本において、この「椀盛」は、懐石料理を別にすればほぼ絶滅していると思います。手間も原価もかかる、ある意味日本料理の粋みたいな料理なのに、現代の「メインディッシュ」の概念からはあまりに遠くなってしまったからではないかと思います。


しかし一年に一度、日本人が一斉に椀盛を食べる日があります。何のことだかわかりますか？　正月のお雑煮です。お餅を主役に、煮たり茹でたりした野菜、蒲鉾、時には伊達巻きや焼き魚なんかも取り合わせて、ダシを張ります。

というわけで、スープカレーに似た料理、それは「お雑煮」ということでいいかと思います。そしてお雑煮の他にもうひとつ、「椀盛」のＤＮＡを今に受け継ぐ料理があると思っています。それがラーメンです。

主役が麺というのは少し変則的ではあるのですが、別で調理した準主役のチャーシューが中心となり、別で煮たメンマや茹でたほうれん草やナルトが加わるラーメンという食べ物は、かなり椀盛に近い食べ物です。中国などの麺料理とは全く発想が異なります。

最近ではチャーシューだけでも二種類のったり、自慢の味玉がのったり、ますます椀盛の方向に進化している印象です。椀盛には必ず柚子皮や木の芽などの「吸い口」が乗りますが、今どきのラーメンは、知ってか知らずかそんな文化まで受け継いでいます。

失われつつある椀盛という文化を、しぶとく受け継ぐ「お雑煮」、さらに衰退が進む現代に、突然それを復活させるかのように進化した「ラーメン」、斜め上の方向からそれを受け継いだスープカレー、これらは「ネオ椀盛」というカテゴライズが可能だと思っています。

殻付きザリガニの謎

Q.

中華のザリガニ炒めのことをどう思いますか？　一定程度はうまいのですが、その一方で「なぜ殻付きで炒めたのか」と思ってしまいます。味がしみてないし、アツアツのヌルヌルって剝きづらいので……。でも中国人が剝かないということは剝かないほうがいい相応の理由があるんだろうなとも思うんです。見栄えの問題なのか、殻から出るダシの問題なのか……。

ザリガニもエビもカニも、殻付きのまま調理する方が身も縮まず旨味も逃さないというメリットがあると思います。味は染みにくくなりますが、調味料が殻にまとわりついてたら必然的にそれをしゃぶりつつ口中調味に至るのでさしたる問題なし、というところでしょうか。実は枝豆も同じことですよね。

料理人が殻をひとつひとつ剝くと、それだけで製造コストが跳ね上がり、売価が上がりすぎてしまうということもあるかもしれません。そして重要なのは見た目！　剝き身になった瞬間、海老はまだしもザリガニはめっちゃしょぼくなりそうですよね。ビストロでバケツで出てくるムール貝も、剝き身だったら味は一緒でもどんなに寂しくなることでしょう。

以上が、殻付きで調理する「合理的な」理由だと思います。しかしですね、これは実はそんな単純な話でもないような気もするんです。どういうことか。

人間という生き物は、基本的には常に食べやすさを求めます。だから調理器具やカトラリーが発明されてきた。しかしその反面、（もしかしたらそれは深層心理的な何かなのかもしれませんが）同時に食べにくさも魅力として感じているのではないかと思うことがよくあるんです。まさに野生に帰る喜びといいますか。

骨付き肉にかぶりつくのがおいしい理由としてよく「骨のキワがおいしい」「骨の髄から出る旨味がある」みたいなことが言われたりしますが、あまり科学的ではない気がします。あれは食べにくいからおいしいのです。骨なしケンタッキーはこれまで何度もリリースされて来ましたが、毎回スベってます。骨周りをしゃぶるめんどくささこそがおいしさの本質。

焼き鳥なんてのも、わざわざ一度骨から外した上で擬似骨付き肉を再構築しているようなものです。ある意味退廃的ですらある、文化の極みを感じます。

「食べやすい／食べづらい」「クセがない／クセがある」「旨味／マズ味」、そういうコントラストのバランスがおいしさの大事な要素ではないかと僕はずっと思っていて、それをsmooth/roughという統一概念で説明できないかとずっと思いつつ、まだなかなかうまく言語化できていません。いつかやり遂げたいミッションのひとつです。

僕はだいたい常に、こういった世の中の何の役にも立たないミッションを勝手に抱えながら生きています。ザリガニの殻のように、これにも何らかの隠れた役割があると良いのですが。

鹿児島の甘さ

Q.

こんにちは。いつもツイートやエッセイ楽しく拝読させていただいてます。あまり甘い味つけを好まないと推察しますが、稲田さんの故郷の鹿児島のお店（蕎麦の吹上庵、スープカレーの剛家、油そばの兎 etc.）は九州の他県と比べてもなお甘い味つけが主流の印象があったので意外でした。

鹿児島料理＝甘いという私の見立てが間違っているのか、それとも他地域の甘さとは質的に異なるのか、どちらでしょうか？

料理が甘くない地域の代表のひとつが沖縄だと思ってるんですが、鹿児島って僕のイメージだと、沖縄的な甘さを重視しない嗜好（実際まんま被ってる料理も多いです）と徹底的に甘いものを好む嗜好が、モザイク状になっていたような気がします。

モザイクというのは料理ごとの話だったり、家庭ごとの話だったり、あるいは個人の中でも甘い味を好む部分とそうでない部分が混在している感じ。実際、僕の中にも甘い料理を好む部分だって確実に存在します。家庭ごとの話で言えば、僕の実家は基本的に甘い味を好まない家ではありました。鹿児島ならではの地元メーカーの甘い醤油は絶対に使わなかったですし。

ただし外食に関しては、甘い店はとにかく徹底して甘かったという印象もあります。特に「薩摩料理」を売りにする店の甘さは凄まじかった。蕎麦屋も鹿児島に独特のパターンがあって、醤油は薄く砂糖大量の蕎麦つゆに、とろろが最初から少し溶かし込んであってうっすらとろみが付いている。これが心底から苦手だったのを覚えています。

そうやって考えると、名古屋も甘い（そして濃い）と言われますが、僕が知る範囲の一般家庭の料理がそんなに甘かったことはありません。五〇年くらい前に出版された愛知の郷土料理の本を持ってますが、そのレシピも特に甘くも濃くもないです。東京の「昔ながらの味」も、それこそ弁松みたいな極端に甘いものもあれば、醤油だけで煮たようなひたすらしょっぱい佃煮もあったりして、やはり単純には括れないモザイクがあると感じます。

だいたいどんな地域でも、歴史を遡れば甘い料理なんてほとんど無かったわけです。砂糖は超高級品だったのですから。でも豊かになる過程で砂糖も安いものになり、各地で一斉に甘い料理が生まれた。だからモザイク状になるのは当たり前なのかもしれません。

沖縄は砂糖の生産地だったのに、それはずっと収奪され続けてきたから甘い嗜好が育たないままだった、とか、その収奪していた鹿児島では殿様がそれを独占してたから庶民にとってそれはずっと憧れの味だった、とかそういういろんな歴史があるんでしょうね。

そして沖縄はともかくその他の地域では、上流階級のものだった砂糖が、次第に外食を中心に普及したみたいな流れがあるのかなとも想像してます。総じてどこでも家庭料理より外食の方が甘いという傾向はあるんじゃないでしょうか。鹿児島はそれが他地域より極端なのかもしれません。

そういえば僕が体感的に日本一甘いと感じたのが愛媛でした。基本的に上品な料理なのに甘さだけがすごい。しかしあれもまた外食だけのことなのかなあ。家庭料理はそこまで甘くなかったりするんでしょうか。一度地元の家庭料理をいろいろ食べてみたいものです。

（3章）

料理のお悩み

毎日の料理が想定内にしかならない

Q.

毎日料理していると想定内の味にしか収まらず使ったことのない調味料やスパイスが増えるだけでそこからの工夫が難しく、家族に食生活の豊かさを提供できていない気がします。シンプルな解決法がありますでしょうか……。

家庭料理は「想定内」でいい、というか想定内「が」いいのではないかという気もします。

季節が変わって素材が変われば勝手に変化が出ますし、旬を意識して素材をころさない料理をしていればそれが一番かもしれません。

そういう意味では、調味料やスパイスを増やすのではなく逆に引き算していくと、思いもよらぬ素材のおいしさに出会えることがあります。強いて言うならそれがシンプルな解決法でしょうか。僕もある時期から「料理はどこまでシンプルにできるか」というミニマル料理に、最初は面白半分でチャレンジしていたのですが、気づけばそこから次々に、我が家の新定番料理みたいなものが新しく誕生しました。

もちろん時にはやっぱり想定外を求めることもあると思います。そういう時は素直に外食や、中食はどうでしょう。あんまり毎日自炊しすぎも、なんか煮詰まっちゃうし、だんだん自分の料理の価値がよくわからなくなってきちゃうので、ある種の息抜きも兼ねてのそれはなかなか大事だと思います。

そこで新たなおいしさに出会ったらそれを真似してレパートリーに入れることもできるし一石二鳥です。真似しきれなかったとしても、それは何かしら新しいものを生みだせるチャンスです。

濃い味しか食べない男

Q.

家族（男性）がうまみの強い味付けや甘辛い味のものを好み、食卓をともにする相談者のわたしはドレッシングやパスタも同じような味付けに時たますごく疲れてしまいます。

酸っぱいものやうまみの少ないものに全く手をつけないので一品を足すのもはばかられます。オカズ味の緩和はどのように行えばいいでしょうか？

まず考えられるのは「ソース別添え」的なことでしょうか。野菜の煮物だったら、薄味で作った後、そのダシを使って甘辛い鼈甲《べっこう》あんを作ったり、甘味噌を添えたり、肉だったらさっと焼いた後のフライパンで甘辛いタレを作って添える、みたいな。ドレッシングは二種類用意しといて各自かける……。

いやむしろ、うま味が濃くて甘辛い味付けなら実は手作りにこだわる必要はなく、市販のタレやソース類にいくらでも選択肢があります。先に書いたような「ひと手間」をかけなくても、そういうもの（例えば焼肉のタレとか）をいくつか揃えておいて、ご自由にどうぞ、ってな感じで充分だったりしませんか？

もうひとつ、またちょっと別の角度から考えてみます。

この種の問題は突き詰めれば「文句があるなら食うな」なんですよね。しかし相談者さんは、そういう開き直りには踏み切れないから悩んでおられる。だけどここは、半分だけ開き直ってみてはどうでしょう。例えば夕食に三品作るなら、メインの一品だけはカッチリ家族の好みに合わせて作り、あとの二品は徹底的に自分好みにする、みたいな。メイン以外は食べても食べなくてもどっちでもいいよ、ってことです。メインの量は、ご家族用の一人前に、相談者さんが自分で食べたい量を加算して決定。サブの量は一人でも食べ切れる量。「こっちも食べたかったらつまんでいいよ」的なスタンスですね。相談者さんちの食卓スタイルが大皿から各自取り分け方式だったらスムーズですが、もしそうでなければ、まずはこのスタイル変更からですね。

実はパスタもこの方式が使えます。麺は一度に茹でて、二種類のパスタを一度に作ってシェアするんです。難しそうなイメージが湧くかもしれませんが、その二種類を「フライパンで仕上げるもの」「ボウルで和えるかかけるだけのもの」に振り分けるのがコツです。例えば、梅しそおろしパスタとナポリタン、みたいな。パスタって数人前まとめて作るより一人前ずつの方がかえって楽で、仕上がりも良かったりします。何より二種類食べられるのはお店みたいで楽しいですよ。

パスタ二種類ならご家族さんも、好みじゃない方にも少しは手を付けるのではないでしょうか。そんなところから味覚の幅が広がってくれればしめたものですね。

Q. 自分の作るご飯が楽しめない

自分で作るご飯が大好きだったのに、最近全然ご飯がたのしみじゃなくなってしまいました。ちょっとした不調が続いているのもありますが、主には子どもが小さく、自分のご飯なのに自分の好きな味にできないのもある気がします。あと、コロナ下で外食の機会が滅多になくなってしまったのも大きいです。

テイクアウトライフハックや、手作りごはんに飽きたときのよい食べ進め方ってありますか？

とてもよくわかります。日頃「食べることが好き」「それ以上に料理が好き」「俺の作る料理最高」と言い続けている僕であり、そしてその言葉には何ら嘘偽りのないはずなのですが、時折、料理を作ることも食べることも楽しめなくてヘコむことは確かにあります。

幸い僕は一週間おきくらいに、半分を自宅で、半分を出張先のホテルで過ごしています。これはつまり、家で作る料理と外食が半々ということになります。そしてそれが僕の幸福値に多大な貢献を果たしています。つまり家メシにうんざりし始めたタイミングで外食生活が始まり、外食にうんざりし始めた頃に家メシ生活が始まるということ。だから相談者さんが、外食の機会が失われたことも原因、とおっしゃる意味もとてもわかる。

だからこそ、テイクアウトなどで出来合いのものを利用するのは、時にとても有効ですね。僕のそんな時の駆け込み寺は、成城石井のお惣菜です。高いイメージがあるかもしれませんが、実は量の割にむしろ安いんです。そしてどこのお惣菜より「家で普通に作るおかず」に近い味付け。家メシ・ジェネリックとして優秀です。

逆に外食らしい味を求めるなら、ケンタッキーや王将も重宝しています。いずれも、家でご飯と味噌汁さえ用意すればあとは何とかなる。そうやって自分を甘やかすのは、ちっとも悪いことではないと思います。

もうひとつアドバイスめいたことを付け加えるなら、自分で料理する時にあえて「どシンプル」を目指すという方向もあると思います。料理に手慣れれば手慣れるほど、作る前からその味を完璧に予想できてしまうという罠に陥ります。ところが、どシンプルなミニマル料理からは、しばしば予想もしていない結果が誕生します。そこには発見と新鮮な驚きがあります。あと何より、料理にうんざりしている時こそシンプルな料理は福音です。

シンプルな料理はお子さま向きでもあり、同時にオトナの味です。万が一満足できなければ、そこに各自で調味料を適宜足していったらそれも解消できる、というイギリス料理みたいな考え方もあります。

料理に限りませんが、とにかくしんどい時は肩の力を抜くことなのかもしれませんね。

夫が作る料理

Q.

夫が作る料理が毎回いまいちおいしくありません。センスが無いと言いますか……。おかずの組合せや、具の大きさ、冷蔵庫にあるもので作る場合のアレンジの利かなさ。どうアドバイスすれば気を悪くしないでしょうか。本人は言ってほしいようなのですが、言うことが有りすぎてムッとしてるのが伝わります。

夫氏が作る料理は本当に「おいしくない」のでしょうか。もしかしたらの話で恐縮なのですが、相談者さんの「この料理はこうあるべき」という美意識が強すぎて、そこから外れたものが許せない気持ちになっているということはありませんか?

家庭料理における組み合わせって割と自由だと思います。例えば「親子丼とニース風サラダ」という組み合わせは、外食ではあり得ませんが、先入観を取っ払えば理にかなってバランスの良い献立です。具の大きさも、これも例えばですが、あえて常識より大ぶりに切り出して素材感を楽しむ、みたいなのは、プロでも時々やることです。普段薄味の料理を作ってもらっていたら、自分が作る時くらいは濃い味にしてみたくなる、みたいなこともあるかもしれません（↑男が作る時あるある）。

何か「言って欲しい」ということはすなわち、そこに何らかの自信も無ければ言えないと思います。それに加えて何らかの向上心もあるということです。素晴らしいことです。相談者さんから見て違和感を感じる部分こそ、実は作り手にとってのアピールポイントである可能性があります。

なのでアドバイスにあたっては、まずはそこを褒めるところから入るのが良いのではないでしょうか。斬新な組み合わせね、とか、具がゴツゴツして豪快ね、とか、やたらご飯の進む味付けね、とか。

そうやってポジティブに言語化すると、もしかしたら相談者さんの方もその「作品」の良さが腹落ちするかもしれません。それが一番ハッピーですが、腹落ちしなかったとしても、「自分だったらこうしてたけど」「一般的にはこうこうだけど」と、目の前のそれを否定することなく、より一般的な正解を示す形が良いと思います。

もちろん「明らかに間違っている」部分もあるかもしれません。そこだけは「ダメ出し」する必要があるでしょうが、それは毎回ポイントを絞って最小限にとどめる必要があるでしょうし、その前に、「間違ってると感じる自分の方が間違ってるのではないだろうか」という可能性に一度は思いを巡らすことも必要だと思います。

何であれ、作り手は褒めて欲しいんです。そして褒めれば褒めるほど、褒められた人も褒め上手になります。

いいことずくめでしょう?

調味料に凝る

Q.

自炊をするようになり、調味料の選び方について悩むようになりました。塩だけでも何種類もあるわけで、好みを探すとなると、はてしなく長い坂を上り始めたなと途方にくれてしまいます。長年かけてベストを見つけていくつもりではいるのですが、先達としてアドバイスのようなものがあればお聞かせください。

調味料に凝る（凝りすぎる）のは、料理とはまた別の趣味と考えた方が良いと思います。

特に初心者のうちは、まずはベーシックなものを使っておいしい料理の「型」を身に付けた方がいいと思います。

塩：精製塩
砂糖：上白糖
醤油：ヤマサ／ヒガシマル

酢：米酢

みたいな感じで、とにかく「原材料」も「能書き」も一番シンプルなものを選ぶと良いです。

で、ある程度料理に慣れ始めたら、そこで徐々にプレミアムなものを取り入れて、違いを楽しんでいけばいい。違いがわかりやすいものもわかりにくいものもあるし、プレミアム品を使ったことでかえっておいしくなくなるケースだっていくらでもあります。塩に凝るのはあんまり意味がないかもしれません。とにかくサラサラであることが重要。

醤油や味噌は、これは完全に好みの世界であり、なおかつ普通に売ってる高くはないラインの中にいくらでも誠実なものがあるので、その中で好みのものを見つけられればラッキーです。酢は一番お金や気持ちのかけがいがあるかもしれません。僕は米酢の他に玄米黒酢やシェリービネガーをよく使います。どっちもバカ高いですが、高い意味はわかりやすいと思います。

砂糖は、僕はある時から上白糖メインからきび砂糖に切り替えました。少量でコクが出るからです。ただしこれは僕が料理に使う砂糖の量が少ないから成立します。きび砂糖は使い方によっては単にクドいだけの妙な味になります。

　とにかく、おいしいはずの料理が変な調味料を使うことでおいしくなくなることはあっても、マズい料理が高価な調味料でおいしくなることはありません。まずはベーシックを追求し、その後、調味料に凝った（凝りすぎた）時の微妙な差を楽しむことだと思います。

　ちなみにその際は「気持ちの問題」も含めて素直に楽しむのがコツです。「ヒマラヤ岩塩」の味が普通の精製塩とちっとも変わらない味だったとしても、「なんだか少しまろやかで深みがある気がする」と思い込んでそれを楽しむのは、それはそれで決して間違ってはいません。

滋味深い食べ物

Q.

いわゆる滋味深い味を日常的にかつ衝動的にうまい、作りたい、食べたいと思う性質に必要なロードはどんなものになると思いますか。イナダさんのミニマルレシピは簡単だしおいしいけど滋味深くは感じなくて、きちんと中毒性、爆発力のある味だと認識しています。おいしいと感じるかどうかと、作りたいほど馴染むか、衝動的に望むかは別で、どうしてもポン酢やごま油程度のパンチと爆発力を求めてしまいます……。出てくる分にはありがたがって食べるけど、作るとおいしいけど結局物足りない。そんな自分が恥ずかしくなったり、なんとなく寂しい気持ちになる、そんな小さな悩みです。

これはもう、全てはバランスなんじゃないですかね。
僕は確かに滋味系の料理が好きですが、それだけで食卓を埋め尽くすことはありません。必ず派手系の料理と組み合わせます。お店で出す料理は自分が普段作って食べるものよりぐっと派手寄りではありますが、それでも隙あらばそこに滋味系を潜り込ませてバランスを取ります。

身も蓋も無いことを言えば、滋味系の食べ物はたまに食べるからこそおいしい。

そして世の中には派手系の食べ物がミチミチに満ち溢れてるからそういうものがとても貴重なものになる、というふうに僕は解釈しています。

世界一のもやし炒め

Q.

既においしいと分かっている料理よりも、塩加減が最高に上手くいった野菜炒め（その日あるもので作るやつ）が世界一なのではと思う今日この頃です（もやし炒めがおいしくでき過ぎてビックリした気持ちのままこれを書いています）。

自分のために、そして誰かのために料理をするすべての人々が、あなたのようになれるといいな、と心から思います。

（4章）どうにかしたいこと

何が食べたいのかわからない

Q.

何が食べたいかわからない、という時期がたまにあります。そういうとき私には、食べないという選択肢はなく、なぜかジャンクフードやお菓子ばかりを食べてしまいます。

イナダさんは「何が食べたいかわからない」ときはありますか？　そういうときはどうしていますか？

僕の場合、時期というよりはその日限りなんですが、そういうことは確かにあります。普段は、昼間仕事をしている時間から頭の中のどこかで「終わったら何食べよう？」などと考え続けている不埒者《ふらちもの》ですが、時にはそんな余裕すら無かったり、終わった瞬間全て吹っ飛んだりします。何かを食べたいような気がするし、お腹が空いていないはずもない。なのに、「あれが食べたい！」という具体的な欲望がちっとも湧いてこない、そんな魔の刻です。

ある方がそんな状態を「食鬱」と表現されていました。確かに、何かをやらなければいけないのに、そしてそれが特に嫌なことでもないのに、身体がちっとも動かない、あの状況に似ていると感じます。

そんな時僕は、とりあえず缶ビールを開けて飲み始めます。リラックスして飲んでたらそのうち何か思いつくだろう、と期待するのです。でも結局何も出てこなくて、結局ビールだけが二本、三本と空いていくばかり。相談者さんがお菓子つまんでやり過ごす状態と似ていますね。

打開策はいくつかあります。まずはＳＮＳ。僕のタイムラインは食に偏っていることもあり、そこには次々と、みんなが食べているおいしそうな食べ物が流れてきます。それを流し見してるうちに、「おっ、これは羨ましいぞ」というものに出会うことがあり、そうなればしめたものです。

最近は、テレビも有効だということに気がつきました。今はチャンネルのどこかで何かしら食べ物番組的なものをやっています。普段は観ないそういうものを眺めていると、気づけば引き込まれていることがあります。なんだかんだでテレビ番組ってやっぱりすごいですね。ぼんやり観てても思わず気が向いてしまうような、あざといまでの仕掛けが随所で計算されています。

でもそれでもやっぱり、結局何も思いつかないことだってあります。グルメ番組も終わり、なんとなくそのままのチャンネルでニュースを流しっぱなしにしながら、また一本ビールを開けたり。でもそういう時は、もう流れに身を任せればいいのではないかと思っています。一日二日食べなくても死にませんし、栄養バランスは一定期間内で整えればいい。そう開き直るのです。食べたいものを食べる幸せは、この先にいくらでもチャンスはあります。

時には、その後さらに時間が経ってから、いきなり空腹が我慢できないレベルに達することもあります。しかしそうなった時には、選択肢はすっかり失われています。飲食店もスーパーも軒並み閉まり、コンビニか牛丼屋さんくらいしかなくなる。しくじったなあ、と思うのですが、そんな時、なぜかその牛丼やコンビニ弁当やカップラーメンが脳内で突然輝き始めます。そんな時、意を決して出かけて真夜中に食べるそれは異常においしかったりします。もしかしたら、こんな時間にこんなものを食べてしまった、という罪悪感もスパイスになっているのかもしれません。結局、無理せず流れに身を任せたことが正解だった、と言える気もしなくもありません。

こういうのって、もしかしたら選択肢の豊かさ故に起こる現象なのかもしれない、なんてことをぼんやり考えたりします。

小麦アレルギー

Q.

最近、小麦アレルギーと発覚しました。少量なら大丈夫なのですが、大好きなものには大抵小麦が入っていて、食の選択肢が狭まりつつあります。もし稲田さんが小麦を食べられなくなったら、何を代わりに食べますか？

さぞやお困りのことでしょう。我が身に置き換えて真剣に考えてみました。

個人的には一番つらいのがパスタ、次いでうどんやラーメンなど、それからパンやお菓子、でしょうか。

パスタは、今改めて調べてみましたが、豆や玄米などで作られたものが結構あるんですね。以前食べたことがあるものは、割と違和感なくパスタだったのでちょっと心強い。あの感じからすると、うどんやラーメンもそのようなものがあるのでしょう。

伝統的なものだと十割蕎麦かフォー、ブン、ビーフンなどの米麺ですね。蕎麦はパスタソースでも相性いいものが結構ありますし、ブンボーフエなんかは外食でもある程度ラーメン欲を満たしてくれそう。同じシチュエーションで、ガチ中華系の米麺専門店も最近はあります。

パンは米粉の製品もそれなりにありますし、レシピも充実してますね。焼き菓子なんかも。どうしても代用の域を出ないのかもしれませんが、これはこういうものと割り切らなきゃ、ってとこなのでしょうか。

でも僕だったら、パンにはバターをてんこ盛り、ケーキにはクリームを山盛りで、なんだか簡単にごまかされてしまいそうな気もします（笑）。あ、今突然、こんがりトーストした米粉パンにバターとジャムを塗るんじゃなくてこんもりのせて食べたくなってきました。さすがカロリーはいろんなことをあっさり解決するな。

天ぷらやから揚げなどの揚げ物は米粉や片栗粉などでもどうとでもなるので問題無し、これも今調べたら、冷凍食品も小麦フリーは割と充実してるんですね。パン粉もののフライやカツまでありました。購入は少々面倒そうですが。

お好み焼きなどの粉モノも、だいたい米粉で行けます。そう言えば南インド料理の粉モノは基本、米と豆が原料のものがほとんどです。いい機会なのでトライしてみてはいかがでしょう。奥が深過ぎて一生遊べます。沼です。

しかし結局のところ、むしろ外食がつらいですね。選択肢が激減どころではない。吉牛なんかのシンプルなやつか、アレルゲン表示のしっかりしたファミレスか。もしくは予約時に伝えればしっかり対応してくれる、ある程度高級寄りの店ってことか……まあでもこれは逆に言えば「金で解決できる」ということでもありますね。ほどほどの外食を諦めざるを得ない分、高級店に全振り。案外ＱＯＬとしては向上する可能性も？

今回いろんな製品を調べながらこれを書いてて思ったのは、アクセスポイントの多寡は別としても、これだけの選択肢があるというのは、改めて豊かな社会だな、と。昔だったら考えられないことです。今こそこの豊かさを、目いっぱい享受してください！

お酒をやめました

Q.

お酒がとても好きだったのですが、事情があり禁酒することにしました。できれば一生お酒を飲まないつもりです。
私は食事が大好きですが、お酒とともに楽しむ前提でしか食事を考えていなかったことに気づきました。いわゆる飲み屋的な場所を、お酒なしで楽しむことはできるのでしょうか？　また、お酒を飲まない人間ならではの食事の楽しみ方などはあるのでしょうか？

コロナ下で飲食店でお酒が飲めなくなってしまった時期、僕は突然「とんかつ定食」にハマったことがありました。僕も相談者さんと同じで、食事はお酒あってのもの、お酒があることで食事はゆっくり時間をかけて楽しむことができる、という気持ちが強いのは正直なところです。なので昼ならともかく夜に「定食」なんて！　とずっと思っていました。しかし、長くても三十分かそこらで遮二無二がっつく定食には、ちょっと忘れかけていた喜びもあったのです。

よくよく考えたらもっと若い頃は（つまり今ほど酒に執着がなかった頃は）夜に定食は決して珍しいことではなかった気がしますし、もっと若い未成年の頃は、食事なんて酒無しで毎回ものすごい勢いで一気に平らげて、別にそれをつまらないとも思わなかったわけです。そんな純粋な時代にもう一度戻れた、という嬉しさもちょっとありました。

しかしそうであっても、いろんな料理を順を追ってゆっくり楽しむという喜びを完全に諦められるわけではありませんよね。それを楽しむ一番気軽で手っ取り早い店のひとつが居酒屋ですが、残念ながら「いい店」ほどお酒にもこだわりがあり、酒無しで過ごすのは気が引けるのも確か。

なのでそれだったら居酒屋より割烹や日本料理店の懐石料理的なものを選ぶのも選択のひとつかもしれません。特に、居酒屋並みに気軽に利用できるという意味で、駅ビルとか商業施設のレストラン街に入ってる大きめの店こそおすすめです。正直「街場の名店」よりは平凡な割に割高だったりもしますが、多少そこに目をつぶって、日頃の酒代が浮いた分そういう無駄遣いするのも悪くないんじゃないでしょうか。

以前まさにそういう店で食事をしていた時に（僕はお酒を飲んでいましたが）、カウンターの少し離れた席に座っていた初老の紳士がカウンターの中の店の人にこんなことを話していました。

「僕はね、お酒が飲めないの。でもこうやっておいしい『おかず』をゆっくりいろいろ食べるのは大好きなの」

独特の柔らかい言葉遣いとか、格式ある日本料理店の料理を「おかず」と呼んじゃう稚気《ちき》とか、なんというか、豊かだな、と思いました。この時の紳士の姿がなんとなく相談者さんに重なります。

これまでいろんなところに書きましたが、和食に限らずフレンチでもイタリアンでも「酒ありき」の風潮はこれからの時代薄れていくばかりだと思います。お酒を飲まないという選択肢はこれからもっと尊重されるようになるはずです。

相談者さんの嘆きは、僕にとってもいつか他人事ではなくなるかもしれないとも思っています。割と多くの人にとっていつか訪れる可能性の高いことですよね。そうなったとしても食べる楽しみを丸ごと諦める必要なんて全く無いのは確かだと思います。

海老が苦手

Q.

私は海老の味が苦手ですが、克服するためのアドバイスをいただけないでしょうか？

最近も、そろそろ確認をしてみようと某チェーンの天丼で海老を食べたのですが、じっくり味わって、やっぱりだめだ……となりました。

しかし日本で海老を避けるのはそれなりに難しく、入院時など食べるものを自由に選べなくなる事態に陥ることを考えると、今のうちに克服しておきたいと思っているのです。


僕も昔は海老がそう好きでもありませんでした。誰かと天ぷら定食なんかを食べる時はよく、海老とナスを交換してもらっていたものです。世の中の人はおおむね海老にたいへん大きな価値を置いているので、それに乗じてあわよくばナスだけでなくシシトウもそこに付けてもらう、という阿漕《あこぎ》な取引も行っていました。

ところが僕も、気づけばいつのまにか海老大好きになっていました。そんな僕に言わせれば、そのチェーン店が「天丼チェーン」として誰もが真っ先に思い浮かべるであろうあの店であれば、それはほぼお手上げとしか言いようがありません。あのお店の海老は、少なくとも値段からは考えられないくらい、高品質で申し分ないものだからです。

しかし「お手上げ」で終わってしまうのも無責任なので、もう少し粘ってみましょう。ほとんどの人にとって、海老は淡白でクセの無い食材、というイメージだと思います。でもそれは、日本人なら普通は誰もが幼少期から慣れ親しんでいる風味だからそう感じるだけであり、実はかなり個性的で独特の風味がある食材です。「クサい」と言っても過言ではない。客観的に考えると、苦手な人がいても、本当はちっとも不思議ではないと思います。

では逆にそんな海老に、なぜ日本人が幼少期から慣れ親しんでいるかと言えば、そこにおいて実は「かっぱえびせん」の存在が大きいのではないでしょうか。

相談者さんはかっぱえびせんはどうですか？　まずは改めてそこから始めてみるのはどうでしょう。たぶん世界一ハードルの低い海老料理です。クリアしたら次は居酒屋なんかにある「小海老のから揚げ」ですかね。あれはほぼスナック菓子なので、かっぱえびせんと同ジャンルです。並行して、ロイヤルホストやスープストックトーキョーの海老のビスクで、海老の姿は全く見えない、スープをまず受け入れてみるのもいいかもしれません。天丼は最後でいいと思います。海老チリの方がまだ先です。

もうひとつ別のアプローチ。海老に比べると、カニの方がまだクセがありません。そしてそれ以上にクセがない、ほぼニュートラルな食材がシャコです。このルートを辿る方法もあるかと。

最後に荒療治です。万札握りしめて、そこそこ高級な天ぷら屋さんに行くのです。そういう店で出てくる海老は、基本「クルマエビ」です。なんだかんだ言って、海老の中でもクルマエビは格がひとつ違うと思います。あえて一発勝負でそこから攻略するというのがその方法です。

世の中では、「いい○○を食べるとそんじょそこらの○○なんて食べられなくなるよ」なんていうグルメ構文がまかり通っていますが、いいですか、あれはウソです。いいやつで開眼すると、そうでもないやつの良さも理解スタートできます。

その際、もしもやっぱりダメだったら、同席者のナスとこっそり交換しましょう。苦手の克服が叶わなかったとしても、幾ばくかの感謝は得られるかもしれません。

八角と肉桂が苦手

Q.

八角と肉桂が苦手なのですが克服する方法はありますか？　あの匂いが大丈夫になればもっとおいしい世界が堪能できると思うので苦手なのがくやしいのです。

僕も八角と肉桂が苦手だった時代はあるのでとてもよくわかります。八角の効いた角煮とか、肉桂が香るタイのスープとかは、「おいしくないことはないけど、入ってないともっとおいしいのに」と思ってました。パクチーすらもそんな存在だったことがあります。

「苦手」にもいろんな段階があります。

「食べられないほど嫌い」ということもあるかもしれませんが、ほとんどは「食べて食べられないことはないが確実に不快感がある」という感じではないでしょうか。

食べられないほど嫌いなら、それはもう諦めるしかないのかもしれませんが、食べて食べられない程度であれば、僕はそれをチャンスと捉えています。なぜなら、苦手なものを食べるのは、時に、好きなものを食べるより結果的に楽しいからです。

好きだとわかりきっているものを食べるのは、もちろん気楽なんですけど、ややもするとその時間は何の引っかかりもなく平坦に過ぎていきます。しかし苦手なものを食べる時は、常に緊張感というか、ある種の引っ掛かりに対して神経を集中する時間でもあります。

それが結果的に、

「俺はこの世界で、今ここで、生きている！」

みたいな充実感をもたらしてくれるような気がするんです。

ちょっと大袈裟になり過ぎたかもしれないので少し言葉を変えると、

「苦手なものを食べるのは（快適とは言えないかもしれないけど）とりあえず楽しい」

これが僕の実感です。

そうやって苦手なものの苦手さを楽しんでいると、いつのまにかそれが自分の人生にとって欠くべからざるものになっている。いつのまにかちっとも苦手ではなく、むしろ無いと困るものになっている。

「ニューロー麺に八角が入ってなければ素直においしいと思えるのに」

と思っていたはずが、いつのまにか、

「八角の入ってないニューロー麺なんてありえないだろ！」

になっている。

こうなれば一丁上がりです。


苦手を楽しむにもコツがあります。

まずは、苦手なものだけで構成された食事は避けること。当たり前ですがこれはつらいだけです。あくまで、好きなもの中心で構成された中にひっそりと苦手を潜り込ませる。こうすると、好きなものだけで構成された食事より、そこに苦手が紛れ込んだ方がトータルの満足感が向上することにわかりやすく気づけるはずです。

もうひとつは精度の高い料理を食べること。クセのある食材は、ひとたび好きになってしまうと、度を越してそれが主張するものもおいしく感じるようになります。しかし、そこに至っていない場合は、あくまで普遍的なバランスが整えられた完成度の高い料理を食べる方がいいです。良い料理人のいる評判の良い店で外食するのがこの場合おすすめということです。外食ではなく自炊にしても、レシピは慎重に選ぶ必要があります。

クセのある食材は、クセのある食材同士でそのバランスを整えると、その（悪い意味での）クセ（だけ）が対消滅します。そのあたりを精度高くクリエイトするのが完成度の高い料理だと思います。最近は「パクチーサラダ」や「極端なカレーやラーメン」など、最初から意図的にバランスブレイクを狙った料理もあったりするので、そのあたりは少し注意する必要があります。

ともあれ「苦手」があるのは素敵なことだと思います。それはこれから克服する楽しみがあるからです。物心ついたころからずっと好きなものももちろん尊いですが、むしろそうではなく、人生半ばで苦手を克服したものの方が、その後自分にとってより大事なものになることが多いような気がしています。

出来立て原理主義

Q.

酒を飲むと食事のスピードが大きく落ちるのと出来立て原理主義的な思想があって、旅館会席や団体でのコース料理などで一気に料理を出されるのが苦手です。提供後時間がたった料理でもおいしく食べるための考え方、あるいは逆懐石的に熱いものから順に食べていく戦略をとるなど、なにか知見をいただきたいです。

出来立て熱々の料理は尊いものです。それは間違いない。しかし僕はある時から出来立て原理主義的な考えを自らの意思で捨てました。その根拠は以下の通りです。

①出来立てから少し間を置いて少し冷めたくらいの方がおいしい料理もたくさんある

②出来立ての方がおいしいにしても、冷めてもまだ充分おいしい料理もいくらでもある

③出来立てじゃないとおいしくない料理もあるので、それだけは出来立てを食べればいい

そのことに気づくことができたきっかけとして特に大きかったものが、幕の内弁当や仕出しの弁当です。基本①と②で構成されているので、冷めきっていても充分おいしいというだけでなく、慌てることなく心安らかにゆっくり楽しめるというメリットもあります。その特徴は、お酒を飲むのにも適していると言えます。

フレンチの肉料理も、インドのカレーも、冷めきってはいませんが少なくとも熱々ではありません。しかしべらぼうにおいしいです。古いスタイルの定食屋でガラスケースに並ぶおかずは、お願いすれば電子レンジで温めてもくれますが、むしろそうしない方がおいしいものが多々あります。レンチン前提のコンビニ弁当より、駅弁の方を好ましく感じます。

団体向けの旅館会席は、確かにガッカリさせられるものも多い。しかしこれも結局は料理の内容次第というところもあります。冷めきった鮎の塩焼きが置かれていたら「おいこら」と思いますが、それが鰆の幽庵焼きだったら特に問題はありません。

大半の料理は冷めきっていても、序盤で熱々の茶碗蒸しが配られ、中盤では固形燃料の小鍋が完成し、終盤で天ぷらが登場し、最後はほかほかご飯と味噌汁が支給される、みたいな流れがかえって楽しかったりもします。これなんてまさに、「仕出し弁当に何品かのあたたかい料理がオプション追加されるもの」と捉えると、途端にありがたみが増します。

家メシはそもそも、最初に全ての料理を食卓に並べます。一五分くらいでパパッと食べ切るならともかく、時間をかけてゆっくり楽しむなら、否が応でも出来立て原理主義を捨てる以外の選択肢はありません。

もちろんこれに対して、一品ずつがタイミング良く提供されるのが外食の価値でもありますが、それは限られた店におけるたまのラッキーチャンス、くらいに捉えておけば良いのではないでしょうか。

シウマイ弁当

Q.

私が未熟なのか、崎陽軒のシウマイのおいしさがまだ摑めません。でも必ずお土産にもらうのです。そして苦手なものを減らして、おいしいと思うものを増やしたいです。

僕と崎陽軒の歴史は、大きく三期に分かれます。崎陽軒のシウマイに関する認識は、その期ごとに少しずつ変わっていったのです。順を追って説明していきたいと思います。ちなみに相談者さんの認識は、僕の「第一期」とほぼ同じであると思われます。

［第一期］

そもそも僕は焼売という食べ物が大好きです。そして自分にとっては明確に理想の焼売像がありました。それは、ほかほか大粒の肉焼売。食べる前から明瞭な豚肉の香り、それに生姜の清涼感ある香りが入り混じります。かぶりつくとそれは熱々の肉汁をほとばしらせながら容易にほぐれ、口の中いっぱいに脂と玉ねぎの甘みが広がります。嚙み締めると今度は肉そのものの味が濃厚に感じられます。

崎陽軒のシウマイは、そんな焼売とは、いわば対極に位置するものです。ですので、僕はそのおいしさを全く理解できていませんでした。ちなみに大阪の551の焼売は、僕にとってはかなり理想そのままに近い焼売でした。

［第二期］

十年ほど前でしょうか、僕は神奈川県民をはじめとする関東民が、心から崎陽軒を愛していることを知りました。その愛は熱狂的と言っても良いレベルです。ならばそこには何かしら、自分の気づいていない大きな魅力があるはずです。そう信じて、今一度、シウマイに向き合ってみることにしました。

そこで気づいたことがあります。それは、シウマイが冷たい状態のまま食べてもおいしいように作られているということです。なるほど、そうであるからこそ、崎陽軒のシウマイはいつでもどこでも気軽に食べることができる。いわばスナック感覚。喩えるなら、世の中においしいラーメンは数多いけど、手軽さ安さ気軽さでカップヌードルを超えるものはないようなものだ、とその時僕は解釈しました。カップヌードルには間違いなくカップヌードルならではの良さがあります。

僕はすっかりわかった気になって、こんなことを言いました。

「崎陽軒のシウマイは決してすごくおいしいものではないかもしれないけど、あれにはあれにしか無い良さがありますね」

ところがこの発言は失敗でした。「決しておいしくないとは何事だ」「あれは抜群においしいだろう」と、神奈川県民に怒られたのです。僕はまだ理解が浅かったようです。

［第三期］

第二期の痛い経験で僕は、崎陽軒ファンはシウマイを「安いわりにおいしい」「手軽だからおいしい」みたいな条件付きではなく、無条件にひたすらおいしい食べ物と認識していることを知り、正直その時点ではびっくりしました。

しかしそんな僕でも、徐々に理解を深めていきました。それは主に「シウマイ弁当」を通じてです。それは一見スタンダードな幕の内弁当にも見えますが、実は味も構成もかなり独特です。そしてそこには確かに不思議で個性的な魅力があります。

そこで僕はついに、こういう理解に至りました。比べるからいけなかったんだ、と。

「崎陽軒のシウマイは、焼売ではなくシウマイという別の食べ物としておいしいですね」

しかしこれもやっぱり怒られました。彼らは言うのです。「崎陽軒こそが最も焼売らしい焼売だろう」、と。

どうも崎陽軒ファンは「崎陽軒のシウマイは焼売のスタンダードにして絶対王者である」と考えているようなのです。僕はさすがにその境地にまでは辿り着けそうにないですが、そのおいしさそのものは既に充分理解しているつもりです。新幹線でビールと共に楽しむのが最高です。でも正直やっぱり５５１の方が……いや何でもありません。

カフェ再デビュー

Q.

長男を出産以降七年カフェに行っていません。トレンドも、自分が好きなお店の特徴も、あの人と行くならここ的な勘も全て失われました。なのに職場の方からお茶に誘われてしまいました。もう自分が行っても場違いな気さえしてきて、立ちい振る舞いから何から自信がありません。無難なお店選び等教えていただけたら嬉しいです。


「カフェってそんなにムズカシイ場所だったっけ？」

正直、最初はそう思ってびっくりしました。

でもすぐにその考えを改めることにもなりました。

誰だって「負けられない戦い」がある。

はたから見ると「んなこたあどうでもいいじゃねえか」なことに対しても、一歩も引けない時がある。

僕にも多々そういうことはあります。

それは美学であり、また、生きてく上での楽しみです。

相談者さんは七年のブランクを経てそこに帰ってきた。

喜ばしいことです。


一時期戦場を離れた主人公がまた戻ってくる。

映画の続編とかでもよくある展開です。

ちなみに僕は真っ先に『パシフィック・リム アップライジング』を思い浮かべました。

カフェの話なのに大味な特撮物ですみません。

しかしそれが胸熱展開であることに変わりはありません。


そうなるとひとつ不思議なのは、相談者さんが七年の時の経過をなぜそこまで気にするかです。

たしかに飲食業界全体は七年もあれば大きく様変わりします。

しかしひとつのお店やジャンルにおいては、それは昨日のことのようなものです。

相談者さんは自分が浦島太郎化しているのではという心配に駆られているのかもしれ

ませんが、お店は故郷の浜辺ではなくてむしろ竜宮城の方でしょう。

だから相談者さんは、とりあえず七年前の感覚そのままで復帰すればいいんじゃないでしょうか。


よしんばそこにタイムラグから来る微かなズレのようなものがあったとしても、竜宮城におけるそれは些細なものだと思います。

あとこれは自分がこの歳になってようやく悟ったことですが、自分が気にするほど、人は自分のことを気にしてません。

その前提で戦う「負けられない戦い」は、実は負ける世界線の無い戦いでもあります。

存分に楽しんでください。


「無難なお店」を選ぶだけなら食べログ先生がいくらでも力を貸してくれるんじゃないかな。でもせっかくなら過去の経験を活かして、自分だけの個性的なデッキを組み始めるところからスタートしてもいいんじゃないでしょうか。時を経たからこそ過去の経験が熟成しているのもよくあることですし。

妊娠中の飲みもの

Q.

妊婦になってから、飲食店で飲めるものがなくて困り、水になってしまいます。糖分なし、カフェインなし、炭酸苦手という自分の好みを鑑みると、このお店には必要とされてない客なんだろうなーと思います。妊婦なんでお水を……と言い訳を考えるのも嫌になってきます。誰も幸せにならないと思うんですがどうにもならないですね。


そもそも妊婦さんに対しては、「何か力になってあげたい」「できる親切をしてあげねば」と思うのが自然な感情だと思います。飲食店ももちろん例外ではありません。

確かに飲食店にはルールがあります。明文化されていなくても、暗黙の了解のようなものもあります。食事が主目的であっても、お酒もしくはそれに代わる飲み物を注文することがルールのようになっている店は、もちろんたくさんあります。

このルールは、お店にとって死活問題です。水だけのお客さんばかりになってしまうと経営そのものが成り立たない。だからお店は、それが暗黙のものであったとしても、ルールを守ってもらうために四苦八苦しています。

しかし、ルールには必ず例外があります。店側だってルールが常に一〇〇パーセント守られるわけではないことくらい、初めから織り込み済みです。ただほとんどの人がルールを守ってくれるからこそ、飲食店は例外にも対応できるとも言えます。言い換えれば特別扱いが可能になる。妊婦さんや小さいお子さん連れは、その特別扱いを受けるべき最優先の方達だと思いますし、僕が知る限りそれはほとんどの飲食店で共有されている意識です。

なのでその時は「妊婦なので……」と最初に一言おっしゃっていただけるとありがたいですし、その方がお互いより気持ちよくスムースに事が運ぶはずです。それは決して「言い訳」なんかじゃありません。

ダイエット

Q.

体重増加に悩んでいます。健康が心配なので、ダイエットを始めました。手軽で質素な食事を続ける必要があり、不味くはないものの、作る楽しさ食べる悦びは皆無です。いつも空腹よりもこちらに負けてしまうのですが、イナダさんおすすめメニューがありましたら、教えてください。

「何だったら満足できるか」

というのはたぶん人によって大きく違うので、参考になるかはわかりませんが、僕の場合は「汁」ですね。

汁は工夫のしがいもありますし、ダシを何にするかで味覚の充足感も自由自在、なおかつ物理的に胃を占拠するので、そのかりそめの満腹のままで、勢いで寝てしまえば何とかなります。

ちなみに台湾の人はやたら鍋を食べるのですが、誰もがガンガンスープを追加しながらガブガブ飲んでて、むしろ固形物より汁がメイン、という感じです。実際スリムな人が多いし、あれは正義です。

あとはやっぱり野菜でしょうか。野菜だからといって妙にヘルシーに寄りすぎると食べても食べても満足感に至らないまま、ただ飽きてしまうので、

「野菜の総重量に対して油脂一〇パーセントまでは可」

みたいなゆる目のマイルールを設定するのがコツです。

野菜料理に限らず、ダイエットには、

「肉を切らせて骨を断つ」

という発想が必要なのではないかと思っています。油脂や糖質を「ゼロにしなければ」と考えてしまうと、絶対に長続きしません。ゼロにせずとも減らせればオーケー、ということです。それが科学ってもんです。品数をたくさん並べられる時は、その中の一品を「やたらコッテリしたもの少量」にするのも、トータルを抑える有効な方法です。僕の普段の家での食事、基本コレです。大事なのは「量の概念」です。

そういう意味で、食後に甘すぎるくらい甘いお菓子をちょこっとだけ、というのもかなり有効だと思います。中途半端にヘルシーなお菓子は、つい食べ過ぎてしまう上に、結局モヤモヤ感が残ります。辟易するくらい甘くてコッテリしたお菓子の方が、「今日

はこれでおしまい！」という踏ん切りがつけやすく、冷静にカロリー計算すればその方が全然マシだったりします。

イメージだけに惑わされず、冷静な判断を！

お酒のおいしさがわからない

Q.

お酒のおいしさがわかりません。酔うために飲むことはあります。アルコールだなぁという感想しかないです。酒のアテ的な物は大好きなのですが、お酒と一緒に食べたいと思えないのです。お酒飲まないと注文できないような店ほど料理がおいしかったりして行きたいけどいけなくてもどかしいです。


僕はお酒を毎日飲みます。もはや前回の休肝日がいつだったかも思い出せません。もちろんおいしく飲んでます。

でも、「お酒のおいしさがわからない」という相談者さんの気持ちも理解できます。なぜならば、お酒を飲む時、僕も何かしら「我慢」をしている気がするからです。僕はそれを「マズ味」と呼んでいます。

酒における「マズ味」の主役はアルコールそのものです。そしてそれだけではありません。ビールの苦味とか、ウイスキーの樽香とか、赤ワインのタンニンとか、酒の「マズ味」は複合的です。

僕は酒と同じかそれ以上に果物を搾ったジュースが好きなのですが、そこには我慢はほぼ必要ありません。純粋においしさだけで構成された液体。ならば酒の代わりにジュースばっかり飲んでもおかしくないはずですが、そうはなりません。確かに、薬物としてのアルコールの中毒状態になっていることは否定できません。反省すべきですが、それと今回はまた別の話。

最近のフルーツ系缶チューハイはめちゃくちゃおいしいと思います。技術ってすごいですね。フルーツそのものよりフルーティに感じて感動すら覚えます。おいしいフルーツ系缶チューハイには我慢が必要ありません。我慢が必要ではなく、なおかつ（良くも悪くも）薬物としてのアルコールは少なくともビールと同程度には含まれています。

ならば僕が毎日何本も飲んでいるビールがそれに置き換わってもいいような気がしますがそうはなりません。フルーツ系酎ハイはたまに飲んでそのたびに「何じゃこりゃすっげえうめえ！」となるも、それはその一本で終わります。

食事をしながら飲む酒には、「リセット効果」があると思っています。

どんなにおいしい食べ物も、数口食べるとそのおいしさはピークに達し、その後はそのおいしさに麻痺するかのようにそれが当たり前になり、感動は薄れていきます。特に外食は、一口目からいきなりおいしさがピークになるように計算されているので、その後は下降の一途です。

食事の合間に適宜お酒を挟むことで、ピーク時の感動は再び蘇る感覚があります。これがリセット効果です。酒の「マズ味」は、このリセット効果に寄与していると感じます。この感覚を摑んでしまうと、毎回の食事がお酒と切り離せなくなってしまうのではないでしょうか。それは人生の楽しみですが、そうなってしまう前に休肝日の習慣を作るべきなのかもしれません。僕はもはや手遅れなのですが……。

酒のマズ味との向き合い方

Q.

「酒のおいしさがわからない」とご相談されていた方に強く共感する者です。イナダさんの回答を拝読し「酒のマズ味と改めてもう一度向き合ってみる」ことに興味が湧いたのですが、どのような手順で向き合っていくのが良いと思われますか？　いかんせんお酒リテラシーが低いもので、アドバイスをいただけたら嬉しいです。

前項の結論は、

「食事に酒を合わせる場合、酒の中に潜む適度なマズ味が有効に機能する」

というものでした。

つまりここで大事なのは、「ゆっくり」食事を楽しむという部分なのではないかと思います。気持ちと時間の余裕を作って、長丁場で楽しむ。まずはここが出発点というか大前提になると思います。

フルーツ系酎ハイやカルピスサワー、あるいはサングリアなど、マズ味が少なく、しかもそれが中和されているものは、客観的にとてもおいしい飲み物ですが、延々飲み続けられるわけではないし、味のリセット効果も薄い。なので、ゆっくり長丁場で楽しむにはあまり向かないわけですが、逆にそのことを利用するのもアリなのではとも思います。つまり一杯目はそういうものにして、

「あー、おいしいけどもう要らんわ……」

となったタイミングで、別のもの、ビールなりワインなり日本酒なりに切り替える。これをするとかえってマズ味のおいしさに気づきやすいかもしれません。

カルピスサワーは基本的に食事に合いませんが、例えばフライドチキンとかシャウエッセンとかそういうヤンチャな味との相性なら決して悪くないような気もします。しかし冷や奴やお浸しだとそうもいかないので酒の方を切り替える。そんな組み立ての献立も楽しそうな気がします。

何にしても最初は、なるべく抵抗なく飲めるお酒を選び、それを食事と共に、可能な限り「ゆっくり」楽しむことだと思います。そこには自ずと「起承転結」が生まれます。なんか自分の中でモードが切り替わる瞬間があるんですね。勢いよく短時間でがっつく食事にも、それはそれで魅力はあるんですが、あえてじっくりとセルフ焦らしプレイを

執り行っていると、きっと思いもかけない新しい世界が広がり始めたりすると思います。

ちなみに僕は時々、じっくり楽しんでいる間になぜか「酒いらないモード」に突入することがあります。お酒がいらなくなるのもまた、もしかしたらお酒の楽しみ方のひとつなのかもしれません。それくらいのユルい感じでどうぞ！

食欲スイッチ

Q.

甘いものが大好きで、食べると食欲のスイッチが入ります。コース料理で最後のデザートを食べると、お料理でお腹いっぱいになっていたはずなのにスイッチが入ってしまい、ちょっと物足りない気持ちで退店することになってしまいます。このスイッチをオフにする方法はないでしょうか……。

そんなあなたにこそハイブリッド・ハシゴです。ハイブリッド・ハシゴとは、単なる成り行き任せのハシゴではなく、流れを充分吟味するハシゴのこと。

例えばフレンチの後だったら、その余韻を濁すことなく綺麗に着地する選択肢として、蕎麦あたりがベスト。お蕎麦屋さんは早く閉まる店が多いのが難点ですが、そんな時は立ち食いチェーン「ゆで太郎」で、「かけ」に「焼のり」をトッピングした花巻蕎麦を。

ちなみにかつて僕があるグルメなカナダ人に一週間毎日付き合わされたハイブリッド・ハシゴはドーナツ屋さんでした。彼はその日食べたものによってドーナツの種類と個数を慎重に選んでいました。「今日は中華だったからシナモン系」とかです。

（5章）食いしん坊の嘆き

フードサイコパスの婚活

Q.

現在マッチングアプリでパートナーを探している二十七歳女性で、イナダさんには及びもつきませんがフードサイコパス&食いしん坊です。その上で男性から「食べること（料理）お好きなんですね！　僕もです！」と話題を振られてしまう上に結果解釈違いで合わず……となりがちです。

フードサイコパスないしその傾向が強い人はどのような方と相性がいいと思いますか？　いっそ食事への興味が薄く全て委ねてくれる方がいいのでしょうか？


僕の友人が、出張でとある地方都市を訪れた時の話です。駅にはアテンドしてくれる人が迎えに来てくれていました。その人は、その友人が食い道楽であることを知っていて、彼にこんなことを言いました。

「この辺りのおいしい店のことなら任せてください。私も食べ歩きが趣味でね。あそこのビルなんて上から下まで全部行きましたよ」

彼が指差す方向には、地方の駅前によくある、鳥貴族や塚田農場やはなの舞などのチェーン居酒屋が上から下までびっしり入ったビルが……。

ツイッターである人がこんなことを言ってました。

「自分は旅行先で、ホテルの人におすすめの店は絶対に聞かない。なぜなら彼らは自分がフードサイコパスであることなんて知らないから、彼らが薦める店は少なくとも自分向きではない」

まあ、世界とはこういうものですよ。

フードサイコパスはそうでない人の気持ちがわからないので、常にそのことを自戒して生きていかねばならない、というのがフードサイコパス理論の基本なのですが、当然のことながら、普通の人もまたフードサイコパスの気持ちはわからない。

誰だっておいしいものを食べることは好きですし、その延長上にある「グルメな人」のことはよく知っています。しかしフードサイコパス的世界観に触れることはあまりありませんし、フードサイコパスとて、その異常性を常に発露し続けているわけでもありません。普段はそれを隠して世間と折り合いをつけています。

なので「食べることが好きです」は、誰とでも共感できる、極めて無難な趣味として機能しています。だから自己紹介の趣味の欄に、他に書くことが無ければ、それは安易に書き込まれます。しかしそれは「私は霊長目ヒト科ヒト属ホモサピエンスです」と言ってるのとそう変わりません。

食にせよ何にせよ、価値観が最初からばっちりシンクロする人なんていません。しかし一緒にいる時間が長くなれば、それは部分的に一致していきます。そしてそれはおおむね、その何かに対する想いが、より強い方に引っ張られます。そういう意味で確かに、食への興味が薄い人を一から調教する、というのは現実的に有効かもしれませんね。

しかし結局のところ、一〇〇パーセントは一致しません。究極的には、互いが好き勝手してもいい関係性を築けることが一番のような気もします。

「わたし今日フレンチ予約してるから、あなたは自分で適当に済ませてね」とウキウキ外出する妻と、もっけの幸いとカップラーメンとファミチキを買い込んでサッカー観戦に没頭する夫、みたいな関係性は、ある種理想的なパートナーシップだと思います。

昔の味が恋しい

Q.

おいしいものが食べたいと思うのに、昔の味よりおいしくなるとしょんぼりしてしまう食べ物が一定数あります。このしょっぱい、オシャレじゃない感じがいいんだよ！　みたいな。これって思い出補正なんでしょうか。新しい味を求める反面、変わらない味も求めているのです。

料理の味って、一定方向に進化してる気がします。いや、進化というよりは変化ですね。昔と今、どちらが優れているとも言えないわけですから。おいしすぎない、というのもまた立派なおいしさのひとつだと僕は思います。

現代的なその方向性としては、いろんなものが柔らかくジューシーに、もしくはサクサクとクリスピーに、そしてうま味やコク、甘さは増す傾向にあり、塩気や酸味、苦味はマイルドになっている、みたいな傾向。

現代は日々、新しい料理が誕生し続けて多様性が増しているようにも見えますが、実はある角度から見ると、そういった方向で味の画一化が進んでいるようにも感じます。

相談者さんの嘆きも、そんなあたりに起因しているのではないでしょうか。

池波正太郎『むかしの味』はそのタイトルの通り、これが書かれた半世紀前において失われつつあった昔の味をひたすら賛美する、という方向で書かれています。

「最近の寿司はシャリが小さいのにネタばかり分厚くてうまくない」

「最近の若いシェフのフランス料理はうまさの方向性がみんな一緒」

みたいな感じで、現代なら炎上待ったなしの、なかなかにアグレッシブな内容。

これもまた、画一化するおいしさに対する抵抗として、あえて「あらゆる食べ物は昔の方が良かった」という大胆な世界観設定のもとに書かれた作品というのが僕の解釈です。ただしそれは「啓蒙」というような大上段に構えたものではなく、あくまで「頑迷な老人というある種のヒール」を嬉々として演じているというタッチです。

ここに書かれた食べ物は、結局、半世紀を経た今でもおおむね生き残っているのですが、それはまさにこの本の功績という部分もあったのではないかと思います。

なので相談者さんのように昔の味を支持するという「活動」もまた、多様性の維持という意味のあることだと思います。言うなればレジスタンス活動です。

そこにおいて「思い出補正」という要素も確かに無視できないのかもしれませんね。しかし元来人類は子供の頃から慣れ親しんだ味を一生食べ続ける生き物であり、次々と新しい味に飛びつく日本人がむしろ例外的な存在、なんて話もあります。思い出補正上等、ってことでいいんじゃないですかね。
「昔の味」は、そんな思い出補正を引き起こすような「変わらない味」という面と同時に、「未知の味との遭遇」という面もあると思っています。例えば西日本で生まれ育った僕にとって、最近になってから出会った東京の昔ながらの味は、とても新鮮で、新しい体験でした。いわゆる老舗と言われるような店で出会うそれは、現代的な傾向とすっかり相反していることも少なくありません。「よくぞ残っていてくれた！」と、お店やそのお店を支え続けてきてくれたお客さんに感謝しながらそれを楽しんでいる自分がいます。

月並みな結論ですが、結局大事なのは「多様性」だと思うんです。昔の味が市場原理によって駆逐されてしまう前に、贔屓《ひいき》にしたいそれはさりげなく支持して守っていく。そんな地道な活動を、これからも続けていこうじゃありませんか！

昔おいしかったホットドッグ

Q.

かつてニューヨークに住んでいたときに、五〇セントのホットドッグをよく食べていました。とてもおいしかった記憶があります。二十年ぶりに食べる機会がありましたが、大しておいしくありませんでした。ホットドッグの味が落ちたのか？　私の舌が肥えたのか？　若い頃に比べておいしいものも食べているので、後者なのかな、と思いますが、なんとなく寂しい気持ちになりました。イナダさんは、そのような経験をされたことはありますか？

僕も似たような経験をしたことがあります。

かつて最高においしいと思っていたあるお店のカレーを二十年ぶりくらいに食べた時、それがちっともおいしくありませんでした。いやおいしくないと言えば語弊があるのですが、それは「ちょっとお高めな業務用カレー」と大差ないように感じたのです。その時、ショックを受けつつ、それが何を意味するのか、その可能性を考えてみました。

①おいしいカレーを散々食べて自分の舌が肥えたので、おいしく感じなくなってしまった
②加齢により自分の舌が鈍くなったので、そのカレーと「世間のありふれたカレー」との差異を感じ取れなくなってしまった
③本当にその店のカレーが、味が変わっておいしくなくなってしまっていた

どれが真実なのかは全くわかりません。

しかし、何をおいしいと感じて何をおいしくないと感じるかは、年月の経過とともに変わっていくことだけは確かです。かつておいしいと感じていたものを、いつの間にかさほどおいしく感じなくなってくることは、当たり前にしょっちゅう起こることです。

個人的な感覚で言うと、経験を経れば経るほど、おいしいと思えるものの幅は基本的に増えていくと思っています。つまりおいしく感じないものが増えたとしてもそれ以上に新たにおいしいと思えるものは増えていく、ということです。

何にしても、おいしいと思う対象は、刻一刻と変化していくのは確かです。なので、ホットドッグひとつが自分の恋慕の対象からたまさか外れてしまったとしても、それに変わる対象はいくらでもあるんじゃないでしょうか。過去に縋《すが》らず今愛せるものを愛し

たらそれでいいのではないかと思います。

かつて好きではなかったものの良さに気づくというのはすこぶる幸福な体験だと思います。ちなみに僕はつい昨日、生まれて初めてスイカをおいしいと思いました。めちゃくちゃ嬉しいです。

スパゲッティー宣言

Q.

若い女子に「スパゲッティー」って言ったら笑われました。これからも「スパゲッティー」と言い続けることにしますが、こんな親父的な感覚ではモテないと思いますが、どんなもんでしょうか？

「パスタ」という言葉が浸透し始めた頃のような、ずいぶん懐かしい話にも聞こえますが、いまだにやっぱりそういうことはあるんですね。

ですがスパゲッティをスパゲッティと言い続けることはとても大事なことなので、このまま頑張ってください。

モテは心のエネルギーですが、人は誰しもがいずれ、それを外部からの供給に頼らない再生可能エネルギーに置き換えていかなければならなくなります。そっちも頑張ってください。

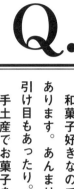

手土産に和菓子

Q.

和菓子好きなのですが、時に微妙な肩身の狭さみたいなものを感じることがあります。あんまり人に言うと年寄りくさいと思われるのではないか、という引け目もあったり。

手土産でお菓子を持っていくような時も、気心知れた相手なら自分の好きな和菓子を持っていきますが、そうでない場合はなんとなく無難な洋菓子を選んでしまいます。

和食が好きな人はいくらでもいるのに、和菓子がいまいち不人気なのはどうしてなのでしょうか。

正直、僕も和菓子がちょっと苦手です。食べられないほど苦手ってこともないですし、和菓子の中にも好きと言い切れるものが無いでもないのですが、お土産でいただいて「どうしよう……」と困惑してしまうものがあるのも確かです。そう考えると、洋菓子にはそういうものがありません。相談者さんは、そんな僕みたいな人々のために気を遣ってくれているんですね。

改めて、好きな和菓子ってどんなのだろう？　と考えてみると、まず思い浮かぶのがクリーム大福やカスタードっぽい餡の入った饅頭です。でもこれは半分洋菓子みたいなものですね。いちご大福や水羊羹、わらびもちなんかも結構好きです。酸味があったり、水分が多かったりすれば良いようです。逆に、薯蕷《じょうよ》饅頭とかどら焼きとか、そういうしっかりした生地の中にみっしりアンコが詰まった、どっしり系の和菓子が特に苦手らしい。

お菓子に限らず最近の日本人の嗜好は、とろとろ、ふわふわ、しっとり、こってり、といった方向に流れがちですから、僕と同じような嗜好の人は決して少なくないでしょう。

しかし！　それで相談者さんが肩身狭く感じる必要は全くないのではないかと、少なくとも僕は思います。なぜなら僕は和菓子好きな人が羨ましいからです。そこには、苦手なものを減らしたい、とか、和菓子の世界は奥が深くて楽しそう、みたいな具体的な理由もあるのですが、単にそれだけではありません。最大の理由は「なんかカッコいいから」です。和菓子好きって、それだけでカッコ良くないですか？

だから僕は最近、結構「和菓子修行」をしています。自分で和菓子を買ったり、あえて甘味屋さんに行ったりして、和菓子と仲良くなるきっかけを積極的に作ろうとしているのです。その甲斐あって最近、大好物と呼べるものに出会いました。「かりんとう饅頭」です。ここまで来れば、最も苦手な「どら焼き」を克服する日も近いのではないかと思っています。

お土産は和菓子でお願いします。

健康的な食事

Q.

ここ何年か機能性食品が増えたり、最近は完全栄養食とうたうものもいくつか出てきています。私もジム通いを始めてから、食の栄養面が気になりだして、その類いのものに手を出しています。よくできています。しかし、栄養バランスを追求する世界は、やはり味気なく感じる自分もいて、どうもすっきりしない日々です。とはいえ、欲望のままに食べる生活にはもう戻れず……。週に一、二食だけはご褒美として好きなものを食べていますが、それでも揚げ物とかは避けがちです。

イナダさんはこうした葛藤や栄養面、健康面との兼ね合いとか悩むことはないでしょうか?

あくまで僕の場合なんですけど、素直に食べたいものを食べたいように食べていると、自然にある程度バランスは整うような気もしています。肉も揚げ物もジャンクな味付けも好きですけど、それらは案外、ちょこっと食べれば満足するものです。あとはいろんな野菜をモリモリ食べていれば、結果的には全体としてバランスは整う。炭水化物もまた、最後に少しあれば落ち着く。

カフェテリア実験というものがあります。様々な食物を用意してラットなどに自由に食べさせると、短期的には栄養が偏るものの、長期的には良いバランスに落ち着くそうです。人間の子供でも同じような結果が得られたとか。生物にはきっとそういう本能めいたものが備わっているのでしょう。

ただしこの本能は、簡単にぶっ壊れるものでもあるのかもしれません。最初に僕が書いたようなパターンの食事を摂ろうと思うと、実は選択肢は二つしかありません。すなわち「高級店での外食」もしくは「品数の多い手の込んだ自炊」です。金銭的もしくは労働的なコストの高い食事。僕の場合は「それが仕事」なので無理なく取り入れられますが、そんな人は（一部の富裕層を除けば）なかなかいないかもしれません。少し角度を変えて言うと、人生において食に対する情熱の比重が大きければ、その栄養バランスは自然と理想的なものに近づいていくのではと思っています。

しかし世の中は、そうじゃない人の方が大多数です。だから、栄養食品や健康法みたいなものにはニーズがあります。しかしそれらを見ていてよく思うのが、「極端から極端に走りすぎなのではないか」ということです。

油脂や糖質を減らして他のものに置き換えるのは確かに健康的かもしれません。しかしそこでゼロを目指す必要は本当にあるのか？　とよく思います。「量の概念」を無視して、オール・オア・ナッシングを突きつけられているイメージです。それはもはや、科学ではなくて「ケガレの思想」のよう。糖質はケガレ、油脂はケガレ。ついでに添加物も農薬もケガレ。精白されたものもケガレ。

世の中にはそんなケガレの思想を突きつけて、脅迫するように利潤を得ようとする事業者がたくさんいます。うっかり洗脳されないように気をつけていなければ、簡単に巻き込まれてしまうのが現代です。頼るべきはそういう有象無象ではなく、お医者さんだと思います。

カロリーを気にせず暴飲暴食したい

Q.

イナダさんは体系を維持する工夫や心がけなど、何かされていますか？　カロリーを気にせず暴飲暴食したいです。

甘いです。僕はむしろ常にカロリーを意識しています。カロリーをわかっていながらも暴飲暴食する行為こそが尊いのです。ただし毎日はダメですよ！　時々ね。時々の暴走が、日々の節制の糧になるのです。

（6章）食いしんぼうに聞きたい！

豊かな朝食

Q.

イナダさんにとっての「豊かな朝食」とはなんですか？

「豊かな朝食」いいですね。その言葉だけでうっとりしますね。

その最高峰はなんだかんだ言って「温泉旅館の朝ご飯」でしょうか。いやしかし南インドの朝食の定番である「ティファン」も最高です。イングリッシュブレックファストもやっぱり最高です。

牛丼屋で目玉焼きと牛小鉢ととろろ、なんてのも案外捨てがたい。もちろんホテルの和洋ごちゃ混ぜビュッフェも心躍る。

いや、別に、家で炊きたてご飯と熱々味噌汁とあとはせいぜいお新香とか、バタートーストにジャムをてんこ盛りしてカフェオレ、なんてのもむしろ尊い……。

なんてことを言いつつ僕は滅多に朝食を食べません。なぜなら僕は「豊かな食事」をとると、その後数時間にわたって完全に身体が活動停止してしまうというクリティカルな欠陥があるからです。それでは仕事になりませんし、休日も丸潰れです。

なので言い方を変えると、僕にとって「豊かな朝食」とは何を食べるかよりむしろ、そのあと心置きなく二度寝とグータラが許される状況のことを言うのかもしれません。

旅先で早起きして地元の市場を見物し、ホテルに戻って豊かな朝食を（ビールと共に）平らげ、そのまま這うように部屋に戻って二度寝、起きたら昼過ぎなので観光は諦め、その代わりに近所をあてどもなく散歩がてら軽く（時には重く）昼食をとり、また適当にグータラして、夕方になったら地元のスーパーを一番混みそうな時間帯を狙って訪れ、売り物と買い物客を観察し、その後また街で豊かな夕食をとって這うようにホテルに戻り、グータラしながら翌日の豊かな朝食に思いを馳せつつ眠りにつく。

何たる豊かさでしょう！

旅先での店選び

Q.

イナダさんが旅先でどこのお店でご飯を食べるか決定する判断基準がありましたらご教示いただきたく相談させていただいてます。どうやって沢山の候補の中から食べに行くべき店を選べば良いのでしょうか？

まずジャンルは決める必要がありますよね。それが決定した前提で話を先に進めると、僕は素直に「そのジャンルで一番有名な老舗」を選びます。そういう店は往々にして「あんな店地元民は誰も行かない。観光客ばかりだ」みたいな声も聞こえてきがちですが、スルーしましょう。特にタクシーの運転手さんはそういうことを（もちろん親切心で）言いがちです。お礼だけ言ってスルーしましょう。

そういう人が薦める「地元で人気の店」は、確かに有名店よりわかりやすく食べやすく、現代的な最適解に寄った味であり、しかも安い。店員さんも親切。それはおそらく良店です。日常的に利用するにはいいかもしれません。

しかしこちらは旅行で来ているのです。非日常や異文化を楽しみたい。最適解的な、つまり現代人の大多数が納得するおいしさは、全国で均質化が徐々に進んでいます。何もそこでわざわざ行かなくてもいいじゃないですか。

であればやはり一番尖った店を目指すべきで、それは大抵の場合、老舗の有名店です。高かったとしても最大でせいぜい倍といったところでしょうし、その高さはおそらく品質上のどこかに何かしら反映されているものです。仮にそうでなかったとしても、高くても観光客が来るから、その店は最適解から遠いオリジンのスタイルを守れているのです。お布施しましょう。

ここまでの話はそのジャンルがある程度メジャーな場合の話ですが、マイナーなジャンルだと、一番の老舗も（観光客には発見されておらず）地元民で埋まってたりします。ただしその地元民は年齢層高めでしょう。こちらはネットなどで探すのは困難ですが、店構えから放たれるオーラがやたらと強烈なことが多いので、足で探す分にはわかりやすいと思います。

外国だと少しばかり事情が変わってきます。

特に自分が馴染みのない国や地域の場合は、まずはその土地の現代の最適解を知るところから始めた方が良いことも多いと思います。いきなりオリジンを辿るのはレベルが高すぎるからです。また、老舗の有名店が完全に（開き直って）「観光レストラン」と化してるケースが国内よりずっと多い気もします。なのでこの場合は素直に「地元民の声に耳を傾ける」でしょうか。ただし日本と違い、誰もが食にこだわりがあるわけではないことが多いので、聞く相手は慎重に選ぶ必要があります。

Q. 食べたい度が高いもの

単純に好奇心からお尋ねするのですが、ナチュラルボーン食いしん坊であるイナダさんの平均食べたい度No.1の料理って何ですか？　すごく興味がありま す。

私は間違いなくカレーです。

ナンバーワンがカレー、いいですね。スパッと言い切れるのもまた素敵。

僕もカレーがトップクラスなのは間違いないですが、何せ店の仕事でも本の仕事でもやたらめったら作って食べているので、冷静にランク付けできそうにありません。なので今回はカレーを除外して考えてみたいと思います。

一番食べたいものはその時の気分次第で刻一刻と変わっていくものですが、平均で考えていくと、僕の場合ズバリ「汁」です。毎日食べたい。汁と言っても、味噌汁やらスープやらラッサムやら色々ありますが、とりあえず全部好きです。中であえて一番を決めるなら、かつおと昆布の合わせだしでしょうか。お吸い物みたいなシンプルなやつです。

僕は外国に滞在中に和食が恋しくなることはまずありません。毎食現地の料理で何の不満もありませんし、むしろそうしないともったいない。でも帰国して空港に降り立つと、なぜか無性に熱々のかつおだしを啜《すす》りたくなります。さすがにそのタイミングでお吸い物というのも難しいので、その足でうどん屋さんに駆け込んだりします。外国ではなかなか「上品なダシの効いた熱々の汁」にありつけないからですかね。

しかしこれまでで、帰国直後にその衝動に全く駆られなかった国がひとつだけあります。台湾です。台湾は汁物天国だったのです。台湾の人々は、スープや鍋の汁をやたらめったらに飲みます。ダシの素材こそ異なるものの、その味付けは日本以上に繊細であっさりしています。

基本的にそんなシンプルな汁が好きですが、ゴツゴツした具沢山の汁もやっぱり好きです。あら汁とか豚汁とか。ただし、そういうものも内心では「できれば具は他の人に押し付けて、自分はこのパンチのある汁だけ飲みたい」と、密かに思っています。

あるラジオ番組に出演した時に、「イナダさんは最後の晩餐は何がいいですか？」と聞かれたことがありました。その時も間髪容れず、（むしろ食い気味に）「汁です」と即答しました。「その質問に『汁』と答えた人は初めてです」と、あきれられました。そんなものでしょうか。

しかしこれは案外幸福なことかもしれません。僕もいつかは老い、歯も消化器もすっかり衰えてしまうでしょう。しかしそうなっても、僕は最後の最後まで、それこそリアルに最後の晩餐まで、大好物を食べ続けることができるのです。その状態にまでなったら、スムーズな嚥下《えんげ》のために、汁も少しとろみを付けたものでないといけないそうです。もちろん僕はとろみのある汁も大好きです。最期にうまい汁を啜って「いい人生だった」と思いたいものです。

#「食べたい度」とたい焼き

Q.

たい焼きはお好きでしょうか？
私は今までたい焼きにはおいしさの限界があると感じていたのですが、東京の有名なたい焼き屋で食べたところ、たい焼きのポテンシャルの高さに感動しました。あんこの塩気がポイントかなとも思いました。

「おいしいかまずいか」と「好きか嫌いか」は、似ているようでだいぶ異なる概念ですが、実は、「食べたいか食べたくないか」もまた違う概念です。

ある時、とある繁華街で、僕は「おやつにシュークリームでも買おう」とコンビニに立ち寄ろうとしました。しかしそこですぐ先に「たい焼き専門店」があることに気づきました。さらに先には「からあげグランプリ金賞」ののぼりが立ったから揚げ専門店も発見しました。そこで僕はコンビニ入店を一旦保留とし、再検討を開始したのです。

この三種類の食べ物の中で、僕はから揚げが一番好きです。あえて「好き度」を10点

満点で評価すると、

【好き度】
・から揚げ　8点
・シュークリーム　5点
・たい焼き　－2点

といったところでしょうか。そう、僕はたい焼きが苦手なのです。実は和菓子全般がやや苦手なのですが、その中でも苦手のツートップがたい焼きとどら焼きです。

しかしその時は少し状況が違いました。そのたい焼き屋さんは、いかにも由緒ありげな歴史を感じさせる佇まいで、特別な何かがありそうだと予感させるに充分なものでした（＋3点）。そしてから揚げ屋さんの「グランプリ金賞」ののぼりは、「ああ、いかにもな感じの最近流行りのあのタイプね」という、ある種のウンザリを感じさせるものでした（－2点）。というわけで、「好き度」は、期待値も込みでこのように補正されました。

【補正好き度】

・（グランプリ金賞の）から揚げ　6点

・（よく知ってるコンビニの）シュークリーム　5点

・（曰くありげな老舗の）たい焼き　1点

から揚げは、賞を取ってるくらいですから、普通よりむしろ「おいしい」ことも予想されますが、僕が好きか嫌いかはまた別の話です。なので点数は下方修正されました。しかしそれでも依然僅差とは言えトップなのですから、ここで結局から揚げを選んでもおかしくありません。しかしそうはなりませんでした。なぜなら「食べたい度」はまた少し違うからです。

その時は、最初に思いついたのがシュークリームだったこともあり、いわゆる「甘い口」の状態でした。なので甘いものにはプラスの補正が働き（各＋2点）、食べたい度はこうなりました。

【食べたい度】

・から揚げ　6点

・シュークリーム　7点
・たい焼き　3点

結局、初志貫徹でシュークリームということになりそうでした。めでたしめでたし。ところが実はそうもなりませんでした。ここからたい焼きの意外な追い上げが始まったのです。

僕はそもそも「老舗」に弱いのです。良くも悪くも老舗には若干の下駄を履かせてしまいます。（老舗補正　＋1点）

先ほど和菓子が苦手と書きましたが、できれば好きになりたいと思っている自分もいます。今日はもしかしたらそのきっかけとなるチャンスのひとつかもしれません。（自己実現補正　＋2点）

僕はおいしいものが好きですが、同時に、苦手だけどぎりぎりおいしく食べられるものを食べる時に、おいしいもの以上の充足感を感じることがままあります。これはなかなか人には理解してもらいにくい特殊性癖かもしれませんが、この時もそうなる予感をうっすらと感じました。（変態補正　＋2点）

たい焼き屋さんの前では、常連らしきおじさんが二人、焼きたてのそれを立ち食いしていました。おじさんが街中で甘いものを立ち食いしているというのは、失礼ながらある種異様な光景です。しかしそれは異様であるがゆえに、そこに不思議な羨ましさも感じたのです。実際、たい焼きを頬張るおじさんたちの表情は、恍惚としているようにすら見えました。（おじさん補正　＋１点）

たい焼きは加点に加点を重ね、最終的にはこうなりました。

【補正食べたい度】
・から揚げ　６点
・シュークリーム　７点
・たい焼き　９点

なんと最終的にはたい焼きの圧勝です。奇跡の大逆転です。僕は確信的な足取りで、たい焼き屋さんに向かいました。

そのたい焼きは、それまで食べたどんなたい焼きよりおいしいたい焼きでした。焦げる寸前のバリッとしたリーンな皮に、塩気も感じる濃密な味わいのあんこ。もしかしたら相談者さんが感動したそれとよく似たタイプのものだったのかもしれませんね。そのたい焼きの好き度をあえて数字にするなら5点くらいでしょうか。今後も、何かの拍子にちょっとした補正が加われば、わざわざ買いに行く可能性は充分です。良い体験をしました。

ただしそのたい焼きは特別すぎて、それまで知っていた普通のたい焼きの好き度が上がることはありませんでした。相変わらず－2点のままです。

みたらし団子

Q.

みたらし団子はお好きですか？

地元の鹿児島には、たぶんみたらし団子というものがありませんでした。そして似たようなものが「しんこだんご」と呼ばれていました。しんこだんごには大きく二種類ありました。甘いのと甘くないのです。僕が圧倒的に好きだったのは甘くない方です。そしてこの甘くない、つまりほぼ醬油味のしんこだんごには晴れ舞台がありました。お祭りの縁日です。しんこだんごの屋台は必ず焼きイカの屋台とセットでした。すると何が起こるか。

イカは、醬油で漬け焼きされます。

さっと炙って醬油にドボンと漬けられ、じっくり焼かれ、漬けられ、さっと焼かれ、という工程を経て完成します。

当然醤油には焼いたイカのエキスが次第に染み渡るわけですが、しんこだんごもその醤油にドボンと漬けながら焼かれるわけです。これがとにかく絶品でした。想像してくださいよ。いかにもうまそうでしょう？　しかもイカは一枚四〇〇～五〇〇円くらいするのにイカ味しんこだんごは五〇円くらいでした。僕はむしろイカよりそっちの方が好きでした。焦げ焦げになるギリギリを狙ってかなり強めに焼いてくれるのもたまりませんでした。

これがあまりにもおいしかったせいで、僕は初手からみたらし団子に良い感情を抱けませんでした。心中「なんだよこれ、もはや和菓子じゃん」と思ってました。当たり前です。みたらし団子は和菓子ですから。そして僕はそもそも和菓子があまり好きではないのです。

しかし最近になって少し潮目が変わってきました。なぜなら僕は「和菓子を好きになることに決めた」からです。そして実際に、豆大福、あんみつ、きんつば……と、いろんな和菓子を渡り歩いて、次々と仲良くなっていっています。そんな僕が今目をつけているひとつがみたらし団子なのです。そしてみたらし団子に関してはなぜか、最初に最良のそれと出会いたい、という願望が強い。初恋の幼馴染みである「イカ醤油味しんこだんご」に匹敵するものであってくれなければ困る、という思いがあるのでしょうか。

なので町の和菓子屋さんで偶然みたらし団子を見かけても、「本当にこれが最良なのだろうか」と躊躇《ちゅうちょ》してしまい、なかなか手が出せないのです。ネットで評判がよくかつ好みに合いそうなものを入念に探して買いに行けばいいのかもしれませんが、なぜかみたらし団子に関しては、そういうことではなく、普段の生活の中で偶然、自然な出会いを果たしたいと思ってしまいます。

そんな状態がもうずいぶん続いているので、深夜コンビニのレジ横でいつも売ってるそれで妥協しようかとつい手を伸ばしかけることもあるくらいなのですが、そんな時はもちろん自分を強く叱責します。「そんな一時の気の迷いで自分を安売りしちゃダメ！」と。

なんだか「婚活がうまくいかない人」みたいですね。

甘い卵焼きクロニクル

Q.

甘い卵焼きと塩味の卵焼き、どちらがお好きですか？和食をやられていた頃は仕事、プライベート含めてどちらの味の卵焼きをよく作っていましたか？

子供の頃、実家の卵焼きは甘い卵焼きでした。鹿児島だったせいか、実家に限らず「卵焼きとは甘い物である」という認識でした。

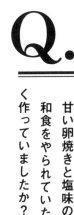

中学生の頃たまたま食べたよそのお家の卵焼きが、初めて体験した塩味の卵焼きでした。感動しました。早速母親に、弁当に入れる卵焼きを今後塩味にしてもらえないかと直訴しましたが、彼女は変なところが頑固で、「卵焼きは甘いからおいしいのだ」と、頑としてそれを聞き入れてくれませんでした。

進学で京都に出てきて初めて「だし巻き玉子」というものに出会いました。これには単なる塩味の卵焼き以上に感動しました。当時僕はやたら近所の店で「うどん定食」を食べていましたが、そこに付く小皿のオカズには必ずだし巻きがのってました。というか京都はどこに行っても甘い卵焼きなんて存在せず、だし巻き玉子ばっかりだったので、こと卵焼きに関しては天国でした。

その後プロとして和食の世界に入り、そこではもちろん卵焼きと言えばイコールだし巻きでした。僕は不器用なので上手に巻けるようになるには随分苦労しましたが、毎日巻いてたらそのうちなんとかなるもんです。どこまでダシの量を増やせるか夢中になりました。

そんなわけで今、家で作るのもだし巻きばかりです。僕にとって甘い卵焼きは、運悪くお弁当などに入っていたらガッカリさせられるためだけに存在するもの、と言っても過言ではありませんでした。そう、あの時までは……。

この十余年で、仕事で東京に赴くことが増えました。東京は日本の中心、全ての基準であるはずなのに、その食文化は、西からやってきた僕にとっては完全に異文化でした。特に古くからのものはそうです。僕はそれを密かに「東京エスニック」と呼び、あたかもマイナーな異国の料理に挑戦するかのように楽しむようになりました。

東京エスニックの中でも僕が特に愛慕しているのが「蕎麦屋」です。中でも蕎麦前が充実していて、昼酒が楽しめるような老舗を選んで度々訪れます。そこにおいて甘い卵焼きは定番です。強烈に甘いだけでなく同時にしょっぱくもあり、しかも茶色く焦げた層がバームクーヘンのような断面を見せるその卵焼きは、子供時代の九州の甘くふんわりした卵焼きともまた違う、まさにエスニックな未知の味わいでした。

もちろん最初はおいしさがわかりませんでしたが、ちょっと無理して注文し続けているうちに、だんだん良いもののような気もしてきました。そしてある時それを、蕎麦屋の定番酒である菊正宗のひやと共に口に含んだ瞬間、衝撃が訪れました。

「う……うまい！」

これが僕が甘い卵焼きと完全に和解した瞬間です。

かっこいい調味料

Q.

私は昔からタバスコが調味料の中でダントツでかっこいいと感じています。ボトルのデザインや色使い、ラベルやフォント、原材料が食酢・赤唐辛子・食塩だけという潔さ、こんなものにも合うのかという意外な万能性、かけすぎるとすべてを支配してしまうやんちゃぶり等全てがかっこいいです。イナダさんにとって一番かっこいい調味料ってなんですか？　訳分からない質問で申し訳ありません。

わかります。タバスコは最高にかっこいいです。しかしここで我々二人が、だよねー、だよねー、とキャッキャウフフしてても、多くの人にはそれは伝わりません。食べ物はおおむね、おいしいかどうかの評価軸でしか語られません。あとはせいぜい値段と量でしょうか。

しかし、おいしさなんてものは極めて曖昧な概念です。人によって好みが違う、というのはもちろんですが、同じ人でもタイミングやシチュエーション、その時の気分次第でそれはコロコロと変わるものです。

かっこいいかどうかももちろん極めて曖昧ですが、おいしさよりはまだ多少客観的な気がします。ただ、何をもってかっこいいとするかは、おいしさ以上に多様性がありそうですね。

というわけでここからは、あくまで僕にとっては（そしておそらく相談者さんにとっても）そうである、という話になります。

食べ物におけるかっこよさとは何かを考えた時、それは、独自の世界観を大事にしており、媚びないけどキャッチー、みたいなことかなと思います。タバスコはこれを完璧に満たしていますね。シンプルであることはかっこよさの必要条件ではないけど、媚びない様を表現するにはとても有効。極めて個性が強いのにいろんなものに合うキャッチーさもある。

そしてこれは本当はあまり認めたくないのですが、世間から正当に評価されていないように感じるものに対しては、あえてかっこよさという軸で、判官贔屓《ほうがんびいき》的な肩入れをしてしまいたくなるのも事実です。世間一般でタバスコは、時代遅れでありふれた、ジャンクでダサい調味料とみなされがちです。だからこそ、いやそれは間違った見方である、と主張したくもなる。

しかしなんだかこれを書いていて、僕は、中高生時代に買い漁ったインディーズのレコードのことを思い出してしまいました。個性、世界観、媚びない、判官贔屓……。食べ物のかっこよさって中二病なのかしらん。

僕は「一番かっこいい調味料」として、究極は普通の精製塩、と答えそうになっていましたが、これなんて完全に中二病が極まってる気もしてきました。

グリーンラベルが好き

Q.

『美味しんぼ』の影響もあったのか大好きだったヱビスビールやプレミアムモルツですが、なぜか最近しっかりとした味のビールが苦手になってきました。バドワイザーや発泡酒のグリーンラベルのようなさっぱり系を好んで飲んでいます。

イナダさんのお好きなビールには、どんなものがあるでしょうか？

昔から一貫して、イギリスのペールエールが好きです。とはいえ店にはほとんど置かれてませんし、家で常飲するには高いので、若い頃は僕も相談者さんと同じく、ヱビスなどをよく飲んでいました。

当時僕が不思議に思っていたのは、酒好きで隙さえあればガバガバ飲もうとするおじさんほどスーパードライを好んでいたことです。僕も『美味しんぼ』のドライビールデイスにモロ触れた世代ですので、それは余計不思議でした。一方、ワインをクルクルするタイプの一部のおじさんたちはやっぱりドライビールをディスってました。まだそっちの方に共感していたと言えます。

しかし自分もキッチリおじさんとなり、ある時から「太りたくない」というヨコシマな気持ちから、たまには低糖質ビールで妥協するようになりました。

「健康なんて気にしてビールを飲むヤツはク○だ」

と、僕の中のシド・ヴィシャスが囁きましたが無視しました。

そんな中で、グリーンラベルに出会いました。大袈裟でなく運命が変わりました。最初は「他の低糖質よりマシ」くらいにしか思ってなかったのですが、そのうち、これじゃないと違和感がある、くらいになってしまったのです。ほのかだけどとてもいい匂いがするし、何本飲んでも飲み飽きない。いくらでもスルスル入っていく。

結果、ビールを飲む量自体が爆発的に増えてしまいました。何のことはない、僕もいつの間にか「スーパードライおじさん」の亜種になってしまっていたということです。「カロリーハーフは倍食うためにある理論」のアルコール版を地で行ってしまい、シドには面目が立ちましたが、今後の健康が少し不安です。

おすすめのノンアル

Q.

しばらくノンアルコールにしたいのですが季節柄炭酸も飲みたいと思っています。料理の邪魔をせず、かつ飲み物として満足できる炭酸飲料はあるのでしょうか？

アルコールを飲めない、飲まない人が、飲む人と一緒にゆっくり楽しめるレストラン作り、というのは僕にとってこれまでもずっとテーマのひとつでした。

しかしそう言ってる割に、それはごく部分的にしか進められなかったのも事実です。手間がかかったり日持ちがしなかったり冷蔵庫を占拠してしまったり、そういうコストがかかる割に、それに見合った価格を設定しづらいというのが一番の理由です。

甘みと酸味を軸にした炭酸飲料は、ある意味簡単だし誰が飲んでもおいしいと思えるものになりやすいのでいいのですが、甘みを控えてお酒がわりに食事に合わせやすいもの、となるとなかなか難しいですね。僕はお茶やヨーグルト、ビネガー、塩などを使って、どこかお酒に通じるような（重くない）飲みごたえにしたり、スパイスやハーブ、フルーツで風味を足す、みたいな作り方をすることが多いです。

一番手軽でおすすめなのはソルティレモンソーダ。カットしたレモンの表面に塩をなすりつけてそれを搾ったものをグラスの底に落として炭酸を注ぎます。それをベースにお茶やヨーグルトなどを足していっても面白いです。

ただ正直、そんな工夫をしていろいろ作っても、結局一番おいしくて食事に合うのは「キリン グリーンズフリー」なのではないかと密かに思ったりしてます。グリーンズフリーは「無理にビールに近づけることを諦めることによって別のおいしさに至ったホップ飲料」という感じでとても気に入ってるのです。

しかし常に気になってることがひとつあります。

自分が作る創作ノンアルコールドリンクにしてもグリーンズフリーにしても、結局普段から酒を飲んでる人間が、それらのどこかに酒の幻影みたいなものを感じることでおいしいと思ってるだけなのではないか、という不安です。

相談者さんはお酒も飲まれるようなのでその点の心配は無いのですが、お酒の味に対して特に思い入れもない方達がこういう飲み物を口にしてどう感じるんだろうか、というのは、仕事の上でも個人的な好奇心としても、とても気になります。

おせち料理

Q.

おせち料理は好きですか？　また、おせちには伝統・おいしさ・お酒に合うの、どれを一番求めますか？

それで言うと完全においしさですかね。おいしければ自動的にお酒にも合うし。しかしそれ以上に僕が重視するのは「作る楽しさ」です。おせちを食べるのが好きかどうかで言うと、もちろん好きなのですが、作るのはもっと好き、ということです。そしてもちろん、自分で作れば味を自分好みにできるので、結局それが一番おいしいです。作る楽しさを考えた時「伝統的であらねばならない」ということはとても大事です。なぜならそれが「ゲームのルール」として機能するからです。自分好みにするのは簡単だけど、だからといって伝統から逸脱しすぎてもいけない、それがおせちです。そういうルールがあるから作るのが楽しい。ゲームはルールがあるから楽しいのであり、程よい難易度があるから夢中になれる。クリアするのが簡単すぎたらそれはゲームではありません。

これはもしかしたら人生も同じかもしれません。使いきれないほどのお金があり、何にも縛られない自由があり、無制限の権力があったとして、そんな人生は果たして楽しいでしょうか。


何だか話が大きくなってきたので、慌てて話をおせちに戻します。

昆布巻き、煮しめ、かずのこ、柿なます、など、作れば本当においしいんですよね。でもそれらはなぜか、おせちでもないとまず作りません。なんでだろう。ただ言えることは、それらを一年に一回作るのは、貴重な経験です。

西京焼き、幽庵焼き、八幡巻き、千枚漬け、そのあたりは、似たようなものをおせち以外でも作らなくもないですけど、おせちの時は普段ならちょっと躊躇うような、高くて良い材料も使います。先ほどの人生の話と若干矛盾するような気もしますが、金に糸目を付けなければ自分の料理はこんなにおいしくなるのか、という自己肯定感に満たされます。

かまぼこ、伊達巻、黒豆、田作り、といったあたりは個人的にあまりいらないので、それらは勝手にラインナップから外します。しかし同時に、そういうものを排除しすぎても伝統から離れてしまう。そういう葛藤もまた楽しからずや。

　伝統から離れてしまうと言えば、こんなことがありました。去年のおせち作りの時、計画ミスで重箱の一角が余ってしまい、急遽そこに「豚の生姜焼き」を入れたのです。伝統破りもいいところなんですが、その甘じょっぱい味と生姜の風味は、案外、おせちのフォーマットによく馴染みました。魚や野菜中心の布陣の中で、それはその合間につまむとどこか頼もしくもあり、もしかしたら僕は偶然新しい伝統を発明してしまったのではないか、と震えたのです。

意外なローカル料理

Q.

最近、かんぴょう巻きがそれなりに地域ローカルな寿司なのを知って驚きました。甘く煮たネタは他にもあるし、別にかんぴょうの特産地だというわけでもないので、意外に思いました。イナダさんは「これが一部地域だけのローカル料理だったの？」と意外に思った料理はありますか？

僕の場合は自分が意外なローカル料理を発見するパターンより、その土地の人がローカル料理とは気づいていないものを発見するほうがずっと多いです。

そのパターンで言うと、かつて（名古屋めしブームよりだいぶ前ですが）名古屋の人たちがあんかけスパを名古屋ローカルだと思っていなかった件が最も衝撃的でした。そもそもその頃は「あんかけスパ」という名称自体がありませんでした。名古屋の人たちはそれを単に「スパゲッティ」としか呼んでおらず、それが名古屋独特のものだという認識は、ほとんどの人には無かったはずです。僕はそれを勝手に「メイスパ」と名付け、それがたいへん貴重な食文化であることを地元の人々に知らしめようとしていました。

大事なことを言います。

固有の名称が付くのが、ローカルフードがローカルフードとして認知される条件だと思います。

讃岐うどんが単にうどんとしか呼ばれなかったら、それはローカルフードではありません。ザンギがから揚げだったら、それもローカルフードではありません。

広島の人がお好み焼きをローカルフードとして決して認めようとしないのは、このことに対する抵抗という形で表れています。それが「広島焼き」という名称で呼ばれた瞬間、それはローカルフードになります。広島の人にとって広島のお好み焼きは、日本のお好み焼きのスタンダードであり基準であり絶対王者でないといけない。

もう一度名古屋に話を戻すと、僕が勝手に「名古屋式汁無し担々麺」と呼んでいる料理は、ほとんどの名古屋人がローカル料理だとまだ気づいていないと思います。名古屋の人々の多くが、同じような担々麺が日本中にあり、何なら中国四川地方の本場の担々麺もこういうものだと思っているきらいがあります。

実はこういった名も無きローカル料理、つまりローカル料理と認識されていないローカル料理がどこよりも多いのが東京及びその周辺ではないかと思っていて、僕はそれを「東京エスニック」と総称しています。

具体的には、「東京西京焼」「生姜キャベツ」「町中華の生姜焼き」「純白薬味葱」「東京の煮込み」などなど。

そもそも東京の人は東京が一ローカルであることにも気づいてないので、油断してるんだと思います。

かんぴょう巻きの件も、完全に油断していたケースですね。

「こういうのでいいんだよ、こういうので」

Q.

人気YouTuberの動画とかをみていると、安いラーメンとか食べて「こういうのでいいんだよ、こういうので」みたいな枯れたオッサン的なセリフが定番になっていたりします。これについてイナダさんが思われるところはあるでしょうか。

これ、元ネタは『孤独のグルメ』でゴローちゃんが、昔ながらの庶民的なハンバーグ定食を目の前にして言ったセリフですね。これは現代で言うところの「こだわりの○○」「バエる○○」みたいなものに対するアンチテーゼであり、食べ物の本質的な喜びを、何にも惑わされずに享受する（実にこの作品らしい）象徴的なシーンです。

一方でゴローちゃんは、別のところで「そういうのもあるのか」という名言も残しています。これは、定食屋で「持ち帰り」ができることを知った時の素直な驚きの言葉でした。これもまた現代のネットミームとなっており、それまで知らなかったパターンや組み合わせの料理を発見した時などによく使われています。つまり未知の食文化の受容です。

そもそもゴローちゃんは食べ物に対するコストを惜しまないキャラクターとして描かれています。これは単に、飲食店での注文数が多くて支払額が高くなる、というだけの意味ではなく、初めての店にも臆せずひとりで入り、知らない料理にも果敢に挑戦する、ということです。そういう人物がたまさか発する「こういうのでいいんだよ」だから、そこには説得力が生まれるんですね。

だから、「安くてありふれた食べ物で満足する自分」を自己肯定するためだけの文脈でこの言葉が使われるのにはちょっと抵抗があります。


元になったハンバーグ定食のシーンを現代の目線で見ると、ちょっと面白いことに気づきます。そのハンバーグは（圧倒的な画力も相まって）、そのシズルやプレゼンテーションなど、かえって今ドキの流行りに近いものに見えるのです。「町中華」や「大衆酒場」のリバイバルブームなんかにもあらわれてますが、こういうものは現代のトレンドの重要な一角とも言えるのかもしれません。

不況やコロナ下で、人々が卑屈になることなく、そういう食べ物にポジティブな価値を見出すというのは実に健全だと思います。しかし同時にそれは、飲食業はもうこれ以上発展する必要は無いのだ、と言われているようで、僕としては複雑な思いもあります。

そういう意味で「こういうのでいいんだよ」は、あくまで温故知新や価値の再発見といった文脈で使われてほしいし、それは「そういうのもあるのか」と代わる代わる交互に使われてほしい、そんなふうに思っています。

おいしいとは何か？

Q.

イナダさんにとって「おいしい」とはなんだと思いますか？　旨味成分が濃いものとか脂肪、糖、塩分が揃ってるものとか考えましたがそれらが無くてもおいしいものはたくさんあります。また暑い、寒いなどの、その時の状況によって「おいしい」は変わってくるなと思います。
イナダさんの考えをお聞かせいただければと思います。

Everything is balance.
敬愛するあるインド人シェフの言葉です。マスターヨーダみたいでカッコよくないですか？　こんなことを静かに語るシェフの風貌がまた哲学者さながらで、説得力があるったらありゃしない。
おいしさは確かに「バランス」だと思います。
うま味、脂肪、糖、これらが合わさると問答無用でおいしいんですけど、それもまた適切なバランスあっての話ですね。さらにそこには塩味や酸味などの五味のバランスや、スパイスやハーブなどの香りのバランスが加わり、パターンは無限です。その中でどういうバランスがベストかは、最終的に作り出したい味によってまた変わってくる。さらに言えば、うま味、脂肪、糖のいずれかが欠けていても、バランス次第でそれはまた違うおいしさになります。その場合のバランスの取り方は、よりシビアで高度なものになりますが。

と言ってる話をいきなり覆すようですが、バランスを逸脱したおいしさというものもまたある。極端な方向に振っていたり、全方位的に足りなかったり。そしてそういうものの方がむしろ印象が強かったりもします。もっとも、出てくる料理が全てそういう逸脱したものばかりだと、それはそれでつらいのも確かです。

個人的には、精緻にバランスが取れた料理を基本に、そこにちらほらとバランスを逸脱した要素が見え隠れする、そんな構成の皿や食卓が理想です。その塩梅《あんばい》もまたバランス。ほら、やっぱり結局「エブリシング・イズ・バランス」でしょう?

そしてまた、おいしさは純粋に味覚だけでは成立しないと思います。その食べ物の背後にある文化や情報、言い換えるなら豊かな物語は、それをさらにおいしくしてくれることがありますし、逆にその理解がないと最後までおいしさがわからないことだってあります。

「御託は不要、食べてうまけりゃそれでいいんだよ」というのも確かに正論ではあるのですが、それだけで未知のおいしさに辿り着くことは難しい。安っぽいウンチクに振り回されすぎるのもそれはそれで問題ではありますが、舌の感覚だけでなく脳もフル回転で味わうことで、おいしさはより深く、そして広いものになるはずです。

四六時中、食べ物のことばかり考えています。

お店で料理を作るのが僕の仕事ですが、最近はそれに加えて、食べ物についていろいろな文章を書くことも大事な仕事になりました。そんな仕事の息抜きは、おいしい料理を食べに行ったり自分で作ったりすることです。息抜きといえばツイッターでも、ひたすら食べ物のことばかり呟いています。結局のところ、いつだってひたすら、食べ物のことばかり考えているわけです。

それは、好きなことが仕事になった、という極めて恵まれた状況とも言えますし、趣味と仕事の境目が無く、逃げ場の無い人生とも言えます。とりあえず僕はそれにおおむね満足していますが。


食べることそのものは無論大好きですが、そこには重大な問題も立ちはだかります。食べたらお腹いっぱいになるのです。お腹いっぱいになったら、もうそれ以上食べることはできません。実に由々しき問題です。でも、食べ物について考えることなら無限に可能です。おいしい食べ物についてあれこれ考える時間は、おいしいものを食べるのに匹敵する、充実したひとときです。

そしてそれだけではありません。僕は、おいしいものを食べることがあまりに好きになりすぎたせいか、いつしか、おいしくないものを食べることまでまあまあ好きになってしまいました。自分でもさすがに倒錯が過ぎるような気がしなくもありませんが、おいしくない食べ物について考えるのもまた、かけがえのない時間です。

と言いますか……、そもそこに悪意が介在しない限り、世の中にまずいものなんて無いのです。これは僕の信念です。あとは自分次第、全ては気の持ちようです。おいしい食べ物には必ずロマンがあり、その時おいしいと感じられなかった食べ物にもまたロマンがある。僕はそのことについていつも、ああでもないこうでもないと考え続けている、ということにもなります。

食べ物に関する質問を受けると、当然その答えを考え始めることになるわけですが、その時に、そうやって普段からあれこれ脈絡もなく考えていることが、一続きの文章にまとまっていきます。時に脱線もしますし、質問に対する直接の回答には至らないことも少なくありませんが、そこにはひとつのささやかな物語が生まれます。

この本は、ネット上の「質問箱」や「相談箱」に寄せられた質問や相談とその回答を一冊にまとめたものです。人様のお役に立ちたいなどと大それたことを考えているわけではありませんが、少なくとも僕は、いただいた質問や相談を核にして、そんな食にまつわるささやかな物語を紡ぐことを心から楽しんでいます。今回改めてこうやってこれまでの回答を眺めてみると、結局のところ全てが、「食べるということに、食べるという行為をいかに楽しむか」というテーマに帰着しているということに、今更ながら気がつきました。我ながら実に結構なことです。

ともあれ、質問や相談を送っていただいた皆様のおかげで、この本が生まれました。心より感謝いたします。そして質問や相談は、今も続々と届いています。おかげさまで毎日楽しいひとときを過ごせています。そしてその全てにはお答えしきれていないことを、この場を借りてお詫びせねばなりません。ごめんなさい。ただ、いただいたものには必ず全て目を通し、必ずしばらくの間、頭の中でグルグルと回答を考えています。それがすぐにはうまくまとまらないと、そのままになってしまうことがあるというわけです。中には哲学的とも言える深い質問も少なくなく、そういうものは特に、安易に答えが出せないまま大事に仕舞い込まれてしまうことにもなりがちです。

ともあれ僕はこれからも当面、毎日食べ物のことばかり考えて生きていくでしょうし、質問や相談をもらったら、そのことについて、ああでもないこうでもないと考えを巡らせていくことでしょう。それを通じて食べることの楽しみをみなさんと共有できれば、こんなに嬉しいことはありません。

奥付

○初出
・「質問箱」（https://peing.net/ja/ Digital monkey 株式会社）
・「相談箱」（https://soudanbako.com 株式会社相談箱）
右記サイトに掲載された文章に加筆・修正をおこないました。本書の制作にあたっては、各サービスの運営会社の合意のもと、二次利用をしております。

○視覚障害、読字障害、上肢障害などの理由で本書をお読みになれない方には、テキストデータを提供いたしますので、左記までお申し込みください。
ご不明点やお困りの事がありましたら、お電話でもお問い合わせください。
info@littlemore.co.jp

食いしん坊のお悩み相談

二〇二三年七月十二日 初版第一刷発行

著者 稲田俊輔
イラスト obak
ブックデザイン 森敬太（合同会社 飛ぶ教室）
編集 當眞文
発行者 孫家邦
発行所 株式会社リトルモア
〒151・0051 東京都渋谷区千駄ヶ谷3・56・6
電話 03・3401・1042
FAX 03・3401・1052
www.littlemore.co.jp
印刷・製本所 中央精版印刷株式会社

ISBN 978-4-89815-575-2